F.G Müller

Handbuch der Provinz Preußen

F.G Müller

Handbuch der Provinz Preußen

ISBN/EAN: 9783744631693

Hergestellt in Europa, USA, Kanada, Australien, Japan

Cover: Foto ©ninafisch / pixelio.de

Weitere Bücher finden Sie auf **www.hansebooks.com**

Handbuch

der

Provinz Preußen

zum Schul- und Privat-Gebrauch.

Nach den besten Quellen zusammengestellt und herausgegeben

von

F. G. Müller,

Lehrer am Königlichen Waisenhause und Schullehrer-Seminar
zu Königsberg i. Pr.

Königsberg, 1866.

Verlag von H. W. Gräfe.

Vorwort.

Wenn Willibald Pirckheymer meint: „Es reime sich nichts wenigers, denn das die Teutschen die weiten welt wöllen beschreiben und durchreyßen, und Germaniam, yr eigen Vaterland nicht wissen," so möchte ich in diesem Falle den erwähnten Ausspruch auf unsere Provinz angewendet wissen.

Das in dem Büchelchen Gebotene hat den Zweck: Die Kenntnisse unserer Provinz in Schule und Haus fördern zu helfen, zu zeigen, „wie unsere Provinz Eigenthümliches und Anerkennenswerthes aufzuweisen, daß deutsche Sitte wie deutsches Streben hier eine lohnende Stätte gewonnen hat, daß, wenn auch politisch getrennt, wir mit Herz und Sinn dem gemeinsamen großen Vaterlande angehören."

Mit Lust und Freude habe ich nach dem gesucht, das ich hier zusammengestellt habe.

Welchen Werth diese Arbeit hat, mögen meine Kollegen und die Freunde des Vaterlandes entscheiden!

Nicht nur in den Schulen, sondern auch in anderen Kreisen wünsche ich dem Büchelchen Eingang.

Wohl weiß ich, daß das Gebotene nicht Jedem nach Wunsch und Willen sein wird, auch daß es nicht gleich ohne weiteres — ohne Wahl und Sichtung — für den Unterricht wird verwendet werden können.

Das Material wollte ich dem denkenden Lehrer für den Schüler geben, er möge das für seine Zwecke Dienliche daraus entnehmen und so die Bekanntschaft und Liebe für unser engeres Vaterland wecken und mehren helfen.

Darüber, wie es in Asien, Amerika und England aussieht, und wie es dort zugeht, sind die Schüler manchmal sogar gut unterrichtet, aber — leider — wissen sie oft nichts — oder sehr wenig von der Heimath. Ich meine mit dem Dichter:

„Im Vaterland, im Vaterland,

„Da Jüngling, Jungfrau sei dein Stand,

„Da führe du dein Leben!

„Da will ich steh'n ein grüner Baum

„Und träumen manchen sel'gen Traum

„Und nach dem Himmel streben."

Schließlich fühle ich mich noch verpflichtet die Hauptquellen zu nennen, aus denen ich schöpfte.

1) Die Provinz Preußen, Festgabe für die Mitglieder der XXIV. Versammlung deutscher Land= und Forstwirthe zu Königsberg in Preußen. Königsberg 1863. Ein Buch, das ich als Besitz jedem Lehrer wünsche.

2) Die Weichsel, von Brandstätter.

3) Das Weichseldelta, von Passarge.

4) Landes= und Volkskunde, von Preuß.

5) Wernicke, Führer durch Elbing und Umgegend.

6) Die Preußischen Provinzialblätter, eine reiche Fundgrube für Provinzial = Kenntniß.

7) Zahlreiche andere Bücher, darunter die neuen Statistiken der verschiedenen Regierungsbezirke und Kreise.

8) Kattner, 7. Kapitel über Ortsnamen in Preußen und Posen.

9) Zahlreiche gütige Mittheilungen verschiedener Behörden und Privat = Personen.

Königsberg, 1866.

Der Verfasser.

Der Name des Landes.

Ueber die Bedeutung und Herleitung des Namens „Preußen" ist vielfach gestritten worden; er soll soviel als ein Land — nahe, an, oder bei Rußland — „Po Russia" bedeuten. Die Bewohner sind deßhalb Porussen oder Preußen genannt. Nach anderer Meinung sind die Preußen, welche germanisch=gothischen Stammes waren, ihrer eigenthümlichen Kampfesart wegen mit der Schleuder (poln. Próca, sprich Pruza) — prócić (sprich Prutschitsch) — werfen, schleudern — die Werfer, Schleuderer genannt, woraus allmählich der Landes= und Volksname entstand.

Größe und Lage des Landes.

Preußen ist die größte der acht Provinzen unseres Staates und enthält einen Flächeninhalt von 1178 Quadrat=Meilen. Sie ist mithin fast 4½ mal so groß als das Königreich Sachsen, und mehr denn 1½ mal so groß als Hannover. Die Provinz liegt zwischen 52 ° 30′ und 55 ° 45′ nördlicher Breite, und 33 ° 40′ und 40 ° 35′ östlicher Länge (von Ferro).

Entstehung des Landes.

Wenn man die Gestalt des Landes überblickt, wenn man seine Bodenbeschaffenheit erforscht, so unterliegt es keinem Zweifel, daß Preußen vor ungezählten Jahren vom Meere bedeckt war und sein Boden ein Erzeugniß überfluthender Gewässer ist. Zu dieser Annahme berechtigen folgende Thatsachen:

1. Die eigenthümliche Lage der Höhenzüge, so wie die Richtung der größeren Flüsse; dieses giebt der Vermuthung Raum: daß einst die südlich und südöstlich gelegenen Nachbarlande zwei gewaltige Wasserbecken bildeten, die sich so lange erhielten, bis ein mächtiges Naturereigniß sie durchbrach, und die Wassermengen in wilden Strömungen sich theils nordwärts, theils nordwestlich hin aus ihren Behältnissen ergießen konnten.

Karpathen und Sudeten waren die riesigen Wälle, die nach S. und SW. diese Wasser begrenzten.

1

2. Ebenso sprechen dafür zahlreich vorhandene Versteinerungen von Schaalthieren und seeischen Erzeugnissen als Ueberreste einer ehemals belebten Wasserwelt, die man an verschiedenen Stellen der Provinz, selbst auf den Höhenzügen derselben, aus der Tiefe zu Tage gefördert hat.

3. Davon zeugen ferner die hie und da wiederkehrenden Reihen= lagen großer Felstrümmer und mächtiger Steinmassen in dem sonst felsenleeren Lande, welche einst von den Gebirgen Scandinaviens los= gerissen und durch die Macht der Wasserströmungen hinweggewälzt, geglättet und abgerundet, sämmtlich ihre Richtung von S. nach N. gegen die Ostsee hin haben.

4. Dafür spricht ferner die Bodenbeschaffenheit des Landes. Im S. desselben zeigt es ausgedehnte Sandgegenden, weil die schweren Sinkstoffe vor dem Höhenzuge niederfielen, während die feinern und leichtern sich erst nördlich niedersenkten und so im N. des Landes einen fruchtbaren Boden bildeten. Die tiefsten trichterförmigen Ver= tiefungen des alten Meerbodens blieben als die See'n, deren Haupt= richtung die von S. nach N. gestreckte ist, zurück; ihre Zahl, die zur Zeit des Ordens wol 2000 betrug, ist sehr zusammengeschmolzen.

Grenzen der Provinz.

Die Nordgrenze bildet die Ostsee mit ungefähr 60 Meilen Länge. Die Ostgrenze ist circa 50 Meilen lang und wird von Rußland (mit Szameiten Littauen) gebildet. Die Südgrenze mit vielen Krümmungen ist circa 90 Meilen lang, wovon 50 Meilen an Polen und 40 Meilen an Posen (Regierungsbezirk Bromberg) stoßen. Die Westgrenze fast 60 Meilen lang stößt mit 5 Meilen Länge an die Neumark (Regierungsbezirk Frankfurt), mit der übrigen Meilen= zahl an Pommern. Kein Ort an der Grenze ist über 30 Meilen von der Ostseeküste entfernt.

Beschaffenheit des Landes.

Sand und Lehm sind in der Provinz vorherrschend. Im süd= lichen Theile derselben, besonders aber auf dem Südabhange des großen Höhenzuges ist der Sand vorherrschend, der oft, mit Lehm gemengt, als lehmiger Sand oder sandiger Lehm oder auch als Flug= sand auftritt, wie er sonst auf den Nehrungen und an der Seeküste zu finden ist. Im größeren Theil des Landes, der nördlich und nordwestlich von dem Höhenzuge liegt, wechseln Lehm und sandiger Boden mit Vorherrschen des erstern. Kalkboden findet sich hier und da als Mergel am Ufer zurückgetretener See'n.

Thon tritt selten auf. Häufig sind Torfmoore (Brücher) in den Thälern, in Kesseln an den Seerändern und an den Flußbetten.

Der Anblick, den das Land gewährt, ist ein sehr verschiedener. Welcher gewaltige Unterschied herrscht zwischen den öden Sandflächen Masurens und den ertragreichen Fluren der Niederung! Bei Trunz und Elbing herrliche Buchenwaldungen, dort mächtige Brücher, über= reiche Torfmagazine, die zum größten Theile noch unangebrochen sind. Bei Domnau das ausgedehnte Zehlaubruch, „eine mächtige mit einer moosigen Torfschicht überdeckte Wasserblase, die auf ihrem Rücken zahlreiche Teiche trägt, neben denen ungestört Kraniche nisten." Dem ähnlich in Entstehung und Beschaffenheit ist das 2 □M. große Moosbruch bei Labiau, jetzt eine Quelle gesunder Kartoffelmengen. Wie anders wieder das Landschaftsbild bei Ober=Eisseln (Ragnit) oder gar bei Warnicken und dann die kurische oder frische Nehrung!

Klima. — Temperatur.

Die Wärmeverhältnisse eines Landes sind nicht nur von der geographischen Breite desselben abhängig, sondern auch von der Nähe des Meeres, von den Waldungen, Sümpfen und trocknen Ebenen.

Die mittlere Temperatur unserer Provinz beträgt etwas über 5° R. Memel und Königsberg haben durchschnittlich eine etwas wärmere Temperatur als Conitz. Arys am Spirding ist nach den= selben Beobachtungen der kälteste Punkt Preußens. Die höchsten Kältegrade dauern gewöhnlich nur ein paar Tage und sind meistens bei dem Aufgange der Sonne beobachtet. In Königsberg ist in dem Zeitraum von 1792—1845 nur 5 Mal die Kälte auf —24° ge= stiegen. Der kälteste Tag von diesen war der 5. Februar 1803, an ihm waren —27°. Der Winter währt in Ostpreußen durchschnittlich 4 Monate. Die Memel liegt durchschnittlich 100, die Weichsel 75 Tage unter der Eisdecke, der Rhein kaum 20. Wein und edles Obst kommen hier noch zur Reife, während in England das nicht der Fall ist. Die Wärme des Sommers ist — durchschnittlich berechnet — in Ostpreußen größer, denn an dem Rhein. Der Frühling tritt hier später ein und ist öfter kühl, wegen der Nähe der See. Am Rhein

grünt und blüht es schon, wenn hier noch Eis und Schnee lagern.
Der Unterschied in der Blüthezeit des Kernobstes beträgt zwischen
Memel und Königsberg 8, zwischen Königsberg und Berlin 14, und
zwischen Berlin und Trier 8—10 Tage. Nicht ohne Grund werden
darum die sogenannten strengen Herren Mamertus (11. Mai), Pan=
cratius (12. Mai) und Servatius (13 Mai) gefürchtet, die ihre
Nichtbeachtung durch Friedrich den Großen schwer rächten; seine herr=
liche Orangerie erfror gründlichst. Die Wärme des Sommers ist
ziemlich gleichmäßig vertheilt. Die höchsten Wärmetemperaturen
waren am 7. Juli 1819 30, im Juli 1826 29, im Juli 1811 30
Grad. Der verhältnißmäßig warme Sommer ist reich an Gewittern,
durchschnittlich 14 im Jahre; er währt nur wenige Monate. Der
Herbst kommt früh, hat oft schöne Tage, dann auch Nebel und
Stürme; ihm folgt der lange frostreiche Winter.

Auf dem Sandboden Westpreußens ist die Luft reiner, aber auch
kälter, und das Wetter, der Seestürme wegen, häufigem und schnellem
Wechsel unterworfen, der die Ursache vieler Lungenleiden wird.
Die Nähe der See und die wasserreichen Niederungen mit ihren
Nebeln mildern die Strenge des Winters.

Die Feuchtigkeit.

Bei der Bildung und Weiterführung von Regenwolken sind die
Winde von außerordentlicher Wichtigkeit. Der warme Südwestwind
führt uns Wolken zu, die uns warmen Regen bringen. Der Nord=
westwind giebt reichlichen und kalten Regen. Der Nordwind ist kalt;
die Ost= und Nordostwinde des Winters sind ebenso kalt und trocken,
im Sommer dagegen warm und trocken.

Der Mensch kann einen gewissen Einfluß auf die Witterungs=
verhältnisse seines Wohnortes ausüben, was durch Bewaldung aus=
gedehnter Landstrecken geschieht. Der Wald, sowie die Höhenzüge
bestimmen häufig den Zug der Gewitter. Die Regenhöhe für Kö=
nigsberg beträgt in einem Jahre 23—26, in Arys 18—20, in
Schöneberg 20—22 Zoll, d. h. wäre das niedergefallene Regen= und
Schneewasser nicht vom Erdboden aufgesogen und verdunstet, so würde
der Erdboden durchschnittlich so hoch mit Wasser bedeckt sein. So hat
beispielsweise nach vieljährigen Beobachtungen Tilsit im Jahre: 104
Regen= und 27 Schneetage; Arys dagegen in demselben Zeitraume
129 Regen= und 52 Schneetage.

Dichtigkeit der Bevölkerung.

Die Dichtigkeit der Bevölkerung richtet sich vornehmlich nach dem. Klima, nach der Fruchtbarkeit des Bodens und nach physikalischen Verhältnissen. Doch sind andere Ursachen deswegen nicht ausgeschlossen, so die Vertheilung des Grundbesitzes, die größere oder geringere Möglichkeit des Erwerbs, die geistige Gehobenheit und die daraus fließenden Tugenden: Fleiß, Sparsamkeit, Einsicht und Thatkraft; ferner die sittlichen und gesetzlichen Zustände.

Die Provinz hat 15,226 Wohnplätze, darunter 121 Städte, 54 Flecken, 8068 Dörfer, 4547 Güter und Vorwerke, 564 Kolonien und Weiler und 1872 einzelne Etablissements. Darin wohnen 3,114,608 Einwohner. Haushaltungen giebt es 579,153. — Evangelischen Bekenntnisses leben in der Provinz 2,020,982; Katholiken 760,505; griechische Christen 1057; Mennoniten 12,106; Juden 37,635. — Nach der Beschäftigung giebt es 1,440,028, welche sich mit der Landwirthschaft, 341,007, die sich mit der Industrie und 7513, die sich mit der Erziehung und dem Unterricht beschäftigen. Nach der Sprachverschiedenheit zählte man 2,006,178 Deutsche und 827,854 Nicht-Deutsche, nämlich: 690,441 Polen, Masuren und Kassuben, 9 Böhmen und Mähren, 136,990 Littauer und 414 Kuren. Nach Körpermängeln: 3133 Taubstumme und 1666 Blinde. Militairpersonen über 32,000. — Auf dem platten Lande wohnten 722,212, in den Städten 260,682 Bewohner.

Preußen beträgt fast ¼ des gesammten Staatsgebiets, doch zählt es nur den 7ten Theil seiner Bewohner. Nach Pommern ist es die dünn-bevölkertste Provinz, auf eine Quadratmeile kommen etwa 2433 Bewohner. Der Grund davon liegt zum Theil in den Plagen, von denen Preußen mehr denn die anderen Provinzen des Staats heimgesucht worden ist. — Im November 1708 überschritt bei Hohenstein und Bialluten die schon lange im SO. Europa's grassirende Beulenpest die Grenzen der Provinz und forderte 1709 die meisten Opfer. Erst 1711 erlosch sie. Königsberg allein hat gegen 10,000 Menschen daran verloren, das ganze Land über 236,000, das war mehr als ein Drittel der damaligen ganzen Bevölkerung. In den Amtsbezirken Insterburg, Oletzko und Angerburg waren ganze Dörfer ausgestorben. Littauen hatte am meisten gelitten; 154,445 Menschen waren der Seuche erlegen, mehr als ¾ seiner Bewohner. Friedrich Wilhelm I. mußte allerdings die entvölkerte Provinz in Flor zu bringen.

Der unglückliche Krieg schlug auch hier wieder die tiefsten Wunden, wol ¼ der Bewohner erlag den Drangsalen des Krieges und den in seinem Gefolge auftretenden epidemischen Krankheiten. Die seit 1831 immer wiederkehrende Cholera hat auch über 77,000 hinweggerafft. Unverhältnißmäßig viel Sterbefälle zeigten die Jahre der Noth 1829, 1844, 46, 1847 und 1855

In Folge des Eisenbahnbaues und der fortschreitenden Kultur nimmt die Dichtigkeit der Bevölkerung wieder zu. Unter den 121 Städten befinden sich

101 Städte von nur 1—5000 Einwohnern
11 „ von 5—10,000 „
6 „ von 10—20,000 „
3 „ von mehr denn 20,000 Einwohnern.

Am stärksten bevölkert sind im Regierungsbezirk Königsberg die Kreise Memel, Rössel und Braunsberg;

im Reg.=Bez. Gumbinnen der Kreis Tilsit;

im Reg.=Bez. Danzig die Kreise Elbing und Marienburg.

im Reg.=Bez. Marienwerder die Kreise Marienwerder und Graudenz.

Am dünnsten bevölkert sind:

im Reg.=Bez. Königsberg der Kreis Neidenburg;

im Reg.=Bez. Gumbinnen der Kreis Johannisburg;

im Reg.=Bez. Danzig der Kreis Berent;

im Reg.==Bez. Marienwerder der Kreis Schlochau.

Wie verfuhr man bei dem Ertheilen von Ortsnamen?

Die alten preußischen Namen wurden entweder zur Ehre der deutschen vornehmen Kreuzfahrer oder angesehenen Beamten des deutschen Ordens oder von den deutschen Anbauern selbst nach Orten ihrer frühern Heimath verändert. Für die erste Ableitung von Namen preußischer Ortschaften sprechen Brandenburg und Landsberg (auch Königsberg); für die zweite Passenheim, die zu verschiedenen Zeiten in ausgezeichneten Würden des Ordens Sprößlinge ihres Hauses gehabt haben, Thierenberg im Samland nach dem durch zwei Landmeister bekannten westphälischen Geschlecht Thierenberg, Hohenstein, Willenberg, Schönberg u. a. m. In der dritten Art sind durch die Anbauer selbst die Namen Saalfeld, Osterode, Mühlhausen, Mohrungen, Pr. Holland u. a. aus den deutschen Landen nach Preußen verpflanzt, ebenso wie es die niederrheinischen Kolonisten im 12. und

13. Jahrhundert bei ihren Ansiedlungen in den Elb=, Havel= und Odergegenden gemacht und hier hin ein zweites Köln, Achen (Aken), Gent (Genthin), Frankfurt und noch manche andere gebracht haben.

Im Ermelande giebt es auch ein Köln (Kellen), dessen Kirche den h. drei Königen geweihet ist.

Viele preußische Namen klingen wie deutsche, indem ihre Endsilben verdeutscht sind. Dies ist namentlich der Fall bei der Endung owe oder owin, bei den Deutschen zusammengezogen, wie Waldowe, Rudowe, Medenowe, Germowe, in Waldau, Rudau, Medenau und Germau. Andere häufig sowol bei Menschen= wie bei Dorfnamen vorkommende Endsilben sind: ite (itten), eite (aiten), ahm, ahn, ehne in aimen, ainen, ehnen; ere, ede und esche in ehren, edden und eiden, eschen; icke, ise, amte und arge in icken, iesen, amten, argen und arien.

Preußische Namen begegnen uns noch jetzt täglich in jedem Kreise der Bewohner Preußens, aber sie verschleiern durch ein eingeschobenes h oder ein weggeworfenes a, e und i ihre eigentliche Abkunft, wie z. B. Steppuhn, Minuth, Klaputh, Witt, Supplitt u. f. w. statt der in Urkunden des 13. und 14. Jahrhunderts häufig vorkommenden Namen Gedune, Steppune, Klappute, Witte, Supplitte u. s. w.

Beschäftigung der Bewohner.*)

Die Hauptbeschäftigung der Bewohner der Provinz ist, durch die Beschaffenheit des Landes bedingt, der Ackerbau. Schon der Massilier Pytheas erwähnt den fleißigen Getreidebau und die Benutzung des Ueberflusses des Ertrages zur Bereitung von Getränken. Scheunen gab es damals schon viele im Lande. Die ungebrauchte Bodenkraft minderte die Nachtheile einer einfachen unzureichenden Beackerung. Hirse, Küchengewächse, Wurzeln und Früchte wurden cultivirt. — Der ganze Boden der Provinz ist angeschwemmt. Die Stoffe, welche das Meer abgelagert hat, sind Thon, Quarz und Kalk in den mannigfaltigsten Zusammensetzungen. Eine vorzügliche Ackerkrume geben diese Stoffe nach der Auslassung des berühmten Professor Marchand, da, wo sie 33% Thon, 45% Sand und 20% Kalk haben. Indessen ist dieses Verhältniß, wie es sich von selbst versteht, nicht immer

---

*) Bei diesem und den nächst folgenden Abschnitten ist besonders das in dem Vorwort unter No. 1. erwähnte vorzügliche Buch benutzt.

nöthig, nur darf der Thon nicht 50 bis 60% darin übersteigen, aber auch nicht unter 30% vorhanden sein, an Kalk verlangt man wenigstens 3, höchstens 40%. Ein Boden, welcher zu ziemlich gleichen Theilen aus den drei Primär=Erden: Sand, Thon und Kalk besteht, und mit sich zersetzendem animalischem Stoff vermischt ist, gewährt den Pflanzen Kraft und Gedeihen. Der ergiebigste Boden besteht aus Kieselsand, Thon und Kalktheilen.

Mit vielen Wanderblöcken, so genannten Findlingen ist der Boden durchsät, die für Häuser=, Straßen= und Brückenbauten das gesuchteste Material sind. Wo der Landmann seinen Fleiß braucht, dankt ihm der Boden seine Mühe durch zufriedenstellenden Ertrag. Hindernisse sind dem Landbau die strengen Winter, die lange dauernden Frühlinge und Herbste. Aber sowol Getreide als Futterkräuter wachsen selbst noch auf den höchsten Flächen der vaterländischen Provinz. Zu bedauern ist das häufige Niederschlagen von Wäldern, wodurch den kalten und ausdörrenden Seewinden der Zugang verstattet wird. Wichtige Hebel des Ackerbaues sind neben geeignetem Boden und günstigem Klima natürliche und zweckmäßig künstlich hergestellte Absatzwege, woran dem Mangel immer mehr abgeholfen wird.

Die Viehzucht ist die unzertrennliche Begleiterin des Ackerbaues, doch erlitt diese Beschäftigung oft entsetzliche Prüfungen. Der 13jährige Bürgerkrieg (1454—1466) verwüstete von ungefähr 24,000 Dörfern 21,000 und 1019 Kirchen. Die ihres Glaubens wegen vertriebenen Salzburger nahm Friedrich Wilhelm I. 1734 auf und wies ihnen in Littauen Wohnsitze an; sie waren es, die die Kultur des Landes mächtig förderten. Ebenso zogen, des Königs Einladungen folgend, aus der Schweiz, aus dem südl. und westl. Deutschland, aus Böhmen, Anhalt=Dessau, Magdeburg, Nassau und den Niederlanden Kolonisten herbei, durch welche die durch die Pest herrenlos gewordenen 60,000 Hufen wieder unter Kultur kamen. So entstanden 10 neue Städte, großartige Meliorationen und das Gestüt zu Trakehnen. Die Zwei= und Dreifelderwirthschaft hemmte den Aufschwung des Ackerbaues, bis der berühmte Landwirth Thaer auch segenbringende Wege für bessern Betrieb der Landwirthschaft angab. Die Leibeigenschaft schwand, und mit ihr eine Fessel der Landwirthschaft. Die Kriegsjahre 1807, 12 und 13 vertilgten die Spuren einer anbrechenden Besserung auf diesem Gebiet, der Landbau wurde durch die Drangsale des Krieges gelähmt. Manche Güter wurden fast verschenkt, und fanden keinen, der sie haben wollte. Da war es der um Preußen hochverdiente Minister v. Schön, der für die Eröffnung einer neuen Einnahmequelle sorgte, für die Einbürgerung der Schaf- und Vieh- zucht. Allmählich wurde es besser; der Kleebau und der Anbau an- derer Futtergewächse nahm sichtlich zu und übte einen heilsamen Rückschlag auf den Ackerbau, der nun durch zahlreiche Vereine ge- pflegt, sich zur schönen Blüthe zu entfalten beginnt.

Die Gegensätze der Bodenbeschaffenheit der Provinz sind nicht bedeutend. Große Flächen leichten Bodens finden sich in der Gegend von Deutsch-Crone nach Pr. Stargardt hin, um Friedland, Schlo- chau, Konitz und nach Norden hin bis zur Grenze Pommerns. Leichter und strenger Lehmboden findet sich hier und da, so bei Mewe, seine Störrigkeit kann man oft nur mit Pflügen, die von 6 Pferden gezogen werden, besiegen. Auf dem rechten Weichselufer beginnt bei Thorn ein Strich recht fruchtbaren Bodens, der sich bis nach Pr. Holland hinzieht und Gerste und Weizen trägt. Der Arm des großen östlichen Höhenzuges, der von Mohrungen nach Neiden- burg und Passenheim hinstreicht und dessen Ausläufer die Seesker- und Goldapper-Berge erreichen, bildet nicht nur die Wasserscheide zwischen Pregel- und Weichselgebiet, sondern auch eine Marke für das Klima der Landstriche zu beiden Seiten. Der Boden am südlichen Abhange dieses Höhenzuges ist leicht mit durchlassendem Untergrunde, so in den Kreisen Löbau, Neidenburg und Straßburg. Lehmboden ist hier seltener anzutreffen, so im nordwestlichen Theile des Kreises Osterode. im südwestlichen des Neidenburger, im nördlichen des Or- telsburger und im mittleren des Allensteiner Kreises; ferner in den südwestlichen Theilen der Kreise Löbau und Rastenburg. Nördlich jener Wasserscheide ist der Lehm-Boden vorherrschend. Größere Sand- flächen finden sich wieder im Memeler Kreise. Die Gegend um Brandenburg, Uderwangen, sowie die von Wehlau, Friedland, Allen- burg, Gerdauen und Rastenburg zeigen fruchtbaren, strengen Lehm- boden, der durch die darunter lagernden Mergelschichten gemildert werden könnte. Littauens Boden ist durchweg lehmhaltig, doch zeigen die Kreise Insterburg, Ragnit und Tilsit auch strengen Lehmboden, der bei Gumbinnen und Stallupönen zum vorzüglichsten der Provinz wird. Der vorherrschend sandige Boden Masurens könnte durch die in demselben lagernden Mergel- und Lehmschichten fruchtbar gemacht werden.

Nutzbare Ackerfläche.

Die nutzbare Bodenfläche vertheilt sich nach den Regierungsbezirken so:

	Königsberg.	Gumbinnen.	Danzig.	Marienwrdr.
Acker:	4,033,959	2,716,420	1,344,373	3,465,541
Gärten: . . .	104,112	105,143	34,747	67,210
Wiesen: . . .	883,564	915,780	297,120	403,420
Weiden: . . .	682,639	509,186	306,031	549,668
Staats=u Privatforsten	1,281,072	1,069,013	559,391	1,439,006

Magdeburger Morgen.

Fast alle Flüsse und Flüßchen der Provinz haben neben sich mehr oder minder vorzügliche Wiesengelände; so Weichsel, Drewenz, Ossa, Elbing, Passarge, Frisching, Alle, Pregel, Rominte, Pissa, Angerapp, Goldapp, Inster und Memel. — Masuren zeigt große Armuth an Wiesen; doch ist man bemüht gewesen, durch entweder schon ausgeführte oder beabsichtigte Trockenlegungen von sumpfigen Flächen oder See'n, Wiesen zu schaffen.

Die Fruchtarten,

welche am häufigsten in der Provinz gebaut werden, sind:

A. **Halmfrüchte.** Dazu gehören:

1. Der **Weizen**, rother und weißer, der zu kalte und schneelose Winter nicht überdauert; bringt meistens gute Erträge. Der rothe ist der verbreitetste, er liebt strengen Boden, liefert mehr Stroh, neigt weniger zum Lagern, macht geringere Ansprüche an die Kultur, nur wird er leider öfter, denn der weiße vom Rost befallen. Der angesehendste Weizen in London ist der Danziger, der in vorzüglichster Güte bei Kulm und Rheden gebaut wird. Der auf zweiter Linie stehende Königsberger wird von den Märkten zu Bartenstein und Rastenburg den Kaufleuten zugeführt.

2. Der **Winterroggen.** Darunter am meisten verbreitet: der Probsteier und Kißiner Staudenroggen. Den schönsten Roggen liefert Masuren.

3. Der **Sommerweizen,** mehr in Ostpreußen, denn in Westpreußen angebaut, ist eine launische Frucht. Der schottische Bartweizen findet eine immer größere Verbreitung.

4. Der **Sommerroggen,** häufig im leichten Boden gebaut; im Gemenge mit andern Gräsern wird er häufig in Westpreußen unter dem Namen „Kurmur" gebaut.

5. Die **Gerste.** Die kleine wird am häufigsten angebaut, weil ihre Erträge bedeutender, denn die der großen sind. Ihre späte Aussaat bewahrt mit den Acker vor Verkrautung.

6. Der **Hafer** ist neben dem Roggen die am häufigsten gebaute Frucht, und zwar auf solchen Flächen, die zum Tragen anderer Fruchtarten zu arm sind, oder die erst urbar gemacht werden sollen. Der littauische gelbe und der gewöhnliche weiße Hafer sind die verbreitetsten Arten. Der Magdeburger Morgen liefert durchschnittlich 20 Scheffel Ertrag.

B. Hülsenfrüchte. Dazu gehören:

Die **Bohne**, die weiße und die **graue Erbse**. Alle drei Fruchtsorten werden gerne gegessen. Die ertragreichen Ernten werden häufig durch den so=genannten „Mehlthau" geschmälert. Die Höhe des Graudenzer Kreises und der Strich Bartenstein bis Schippenbeil liefern die schönste graue Kocherbse.

C. Hackfrüchte.

1. Die **Kartoffel**. Sie behauptet die erste Stelle unter den Hackfrüchten, sie ist auch hier neben dem Brode den armen Leuten das Hauptnahrungsmittel. Seit dem Auftreten der Kartoffelkrankheit (1845), die sich oft an gleichem Ka=lendertag in der ganzen Provinz zeigte, hat der Anbau dieser Frucht im Süden der Provinz zu=, im Norden derselben abgenommen. Die Brennereien, die sie als Material brauchten, sind zum großen Theil eingegangen. Sie ver=brauchten 1840 gegen 2½ Millionen Scheffel. 1861 dagegen nur gegen 1,900,000 Scheffel. Die dafür dem Staate bezahlte Steuer betrug 1840—613,185, 1861 —649,566 Thlr. Zum Futter wird sie noch häufig gebraucht, und es ist der Rübe noch nicht gelungen, sie zu verdrängen.

2. **Rüben.** Die Kohlrüben (Wruken) werden als beliebtes Gemüse seit Jahren hier gebaut. Die Futterrübe wird häufig gebaut; der höchste Ertrag eines Morgens belief sich auf 610 Ctr. Die 3 Anlagen in der Provinz, um Runkelrübenzucker zu bereiten, sind eingegangen. Die letzte zu Marwitz bei Pr. Holland, brannte nieder. Die in der Provinz gebauten Rüben enthielten weniger Zuckerstoff, denn die im westlichen Theile des Staates gezogenen; au=ßerdem konnte der Bedarf an Material für die Fabriken nicht gedeckt werden

D. Futtergewächse.

Rother, weißer Klee und Timothygras sind die verbreitetsten Gewächse dieser Art. Den Klee nennt der Landwirth mit Recht „den Kulturmesser des Landbaues." In Westpreußen wird das Raigras den Mischungen dieser Saaten oft zugesetzt. Luzerne und Esparsette, sowie Lupinen werden mit jedem Jahre mehr angebaut. Die letztere wird in sandigen Gegenden häufig zur Grün=düngung benutzt.

E. Handelsgewächse.

1. **Flachs.** Früher waren in jedem Felde Stückchen mit Flachs besäet, Spinnrad und Webstuhl in jedem Hause; doch hat sich das in neuerer Zeit sehr geändert. Im Ermlande nur wird der Flachs bei Braunsberg, Mehlsack und Wormditt als Handelsgewächs gebaut. Der seit 1853 in Braunsberg einge=richtete Flachsmarkt hat es bewirkt, daß aus fernen Gegenden Käufer des ge=schätzten Erzeugnisses herbeikommen.

Oelpflanzen werden nun schon selbst auf kleinen Besitzungen öfters ge=
baut, in der Niederung vorherschend Raps, sonst Rips.

Dem Anbau des **Tabaks** sind wol an die 3000 Morgen eingeräumt; am
verbreitetsten ist sein Anbau in den Kreisen Marienwerder, Deutsch=Crone
Graudenz und Flatow. Der Ertrag pro Morgen schwankt zwischen 4 bis 5 Ctr.
(trocken).

Drainage.

Ein mächtiger Hebel der Landwirthschaft ist die von England
aus eingeführte Drainage, sowie die früher ganz darniederliegende
Herstellung von Kunststraßen. „Mit den Chausseen, Eisenbahnen und
Kanälen sind die Comtoire der Kaufleute in die Provinz gedrungen."
Landwirthschaftliche Nebengewerbe sind die Ziegeleien, Brenn= und
Brauereien. Die unter den günstigsten Verhältnissen arbeitenden
Ziegeleien sind die bei Danzig, die an dem frischen Haffe, die bei
Königsberg und den Pregel hinauf gelegenen, die oft des Jahres 1 bis
2 Millionen Ziegel liefern. Zahlreiche kleinere derartige Anlagen sind
in der ganzen Provinz zerstreut. Die Landbrauereien gehen allmählig
ein, weil sich die Nachfrage nach dem Landbier vermindert, die nach
dem Bairischen sich aber steigert.

Käsebereitung.

Im Jahre 1842 fand die Herstellung von Käse in Littauen Ein=
gang; eine in Heydekrug angelegte Fabrik verarbeitete die von meh=
reren Besitzern gelieferte Milch zu Käse. Größere Güter sind diesem
Vorgange gefolgt, da das Erzeugniß einen guten Absatz fand. Bei
Tilsit wird auch der sogenannte Brioler=Käse hergestellt. Man hat
zur Einrichtung solcher Käsefabriken Sennen aus den Alpen kommen
lassen. Der Schweizerkäse mancher samländischen Güter ist ganz vor=
trefflich.

Mergel.

Die bedeutenden Mergellager der Provinz liegen noch zum Theil
unbenutzt. Große und größere Güter sind mit der Abmergelung ihrer
Felder vorgegangen, doch von vielen der kleineren Besitzer hört man
die abwehrende, unbestätigte Antwort: „Der Mergel macht reiche Väter,
aber arme Kinder." In den Strichen Zinten=Heiligenbeil ist wol
fast die Hälfte des Ackerflächeninhalts auf den großen Gütern abge=
mergelt. Dann zeigen ziemlich bedeutende Flächen gemergelten Bodens

die Gegenden: Königsberg, Heilsberg, Braunsberg, Lötzen, Rössel, Oletzko und Reidenburg. Doch ist die Mergelung in den letzten 4 Kreisen fruchtlos gewesen, weil die Ackerkrume zu kalkhaltig ist.

Melioration.

Schon Friedrichs des Großen Scharfblick erkannte in den Meliorationen ein Hauptverbesserungsmittel der Landwirthschaft. Sein Schlesisches Vorfluth-Edict vom Jahre 1746 beginnt mit den Worten: „Alle Moräste, Bruche sollen Uhrbar gemacht werden, vermittelst tüchtiger Wasserleitungen und Gräben, die alten Graben sind aufzuräumen und wo es nöthig ist neue zu verfertigen."

Alte Wiesen sind verbessert und neue geschaffen durch die ziemlich zahlreichen Deichverbände und Bewässerungs- und Entwässerungsgenossenschaften (Meliorationen). Die Morgenzahl der dadurch gewonnenen Wiesen beträgt wol gegen 400,000. Dazu sind altvorhandene Dämme verstärkt, neue angelegt, um das Stauwasser abzuhalten, und Dampfmaschinen aufgestellt, durch deren Kraft das Sammelwasser entfernt (abgemahlen) wird. So werden durch den Caymer-Lablacker Deichverband 9685 Morgen Wiesen geschützt, die durch einen Damm am Haffe gegen den Rückstau aus dem Haffe geschützt werden und deren Entwässerung durch eine Dampfmaschine bewirkt wird.

Ganz besonders erfreulich sind die Veranstaltungen, wodurch man 1. durch Ablassen oder Senkung von Landseen, 2. durch Trockenlegung von Sümpfen, verbunden mit Bewässerung, und 3. durch Berieselung von Sandländereien, fruchtbaren Boden geschaffen hat. — 1842 wurde im Kreise Allenstein und mit Aufwand eines bedeutenden Kapitals mit solchen Arbeiten der Anfang gemacht. Die erste Arbeit war die Entwässerung des Kirmeß-Gebietes, einer Kette von 6 See'n, von 681 Magdeb. Morgen. Dann entwässerte man das Marong-Gebiet, 3 Seen mit 522 Morgen. Der Erfolg ist ein außerordentlich guter, den jeder Morgen brachte im Durchschnitt fast 10 Thlr. Reinertrag. Die ganze im Kreise Allenstein meliorirte Fläche beträgt 7724 Morgen. Im Kreise Heilsberg sind so 1081, im Kreise Rössel 638 Morgen Wiese geschaffen. Der Kreis Niederung hat aus früher unzugänglichen Mooren schöne Wiesen geschaffen — 30,902 Morgen. Diese Fläche ist von 6 Genossenschaften und vielen Privatleuten meliorirt. Der Kreis Osterode hat Rieselanlagen von 500 Morgen

Flächeninhalt und zwei entwässerte Seen mit 650 Morgen. Bedeutende Meliorationen finden sich noch bei folgenden Orten:

Corbehne-Wiesen bei Liebemühl 2000 Morgen; bei Hohenstein desgleichen 2000 Morgen; an der obern Drewenz 1000 Morgen.

Im Regierungsbezirk Königsberg.

Bei Arys durch Abwässerung einer Seenkette 11,620 Morgen; Pissa, Wadang-Wiesen 15,000 Morgen; Senkung der Spirding-Gewässer 25,000 Mrg.; im Süden des Ortelsburger Kreises 30,000 Morgen; Geßlinger Brüche im Ortelsburger Kreise 2,200 Morgen; Wiesen bei Margrabowa 1609 Morgen; Ablassen des Dadber-Sees in den Kreisen Allenstein und Rössel 800 Morgen; Guberwiesen bei Rastenburg 1430 Morgen; Walschwiesen bei Plauthen (Braunsberg) 2456 Morgen; Beethal, Caymen, Lablack — 1200 Morgen.

Im Regierungsbezirk Danzig.

Das Brüdsche Bruch (Kr. Neustadt) mit 5490 Morgen Fläche.

Im Regierungsbezirk Marienwerder.

Die Prachlauer und Flötensteiner Wiesen (Kr. Schlochau) 1664 Morgen, das obere Niedwary-Thal 2627 Morgen (Kr Conitz), der Blatto- und Wieczer-Canal 4569 Morgen (Kr. Culm). 1842 wurden am Schwarzwasser und 1845 an der Brahe die Berieselungsarbeiten begonnen und fortgesetzt.

Ein mit einer Schleuse versehenes Wehr bei Mühlhof staut die Brahe bis auf eine Höhe von 37 Fuß. Im Ganzen sollen durchschnittlich 30,000 Mrgn. Wiese dadurch gewonnen werden. Das Anlagekapital erfordert allerdings auch 2½ Millionen Thaler. Der 15. Theil dieser Fläche ist bereits kulturfähig gemacht und giebt schöne Erträge, für die Anwohner der Tucheler Haide und anderer Gegenden vom größten Segen. Das Gras wird meistens auf dem Halm verkauft.

Im Regierungsbezirk Gumbinnen.

Der Stallischener Staatsforst 3528 Morgen, wozu theilweise das Wasser des Goldappflusses gebraucht wird; der Staßwier-See (Kr. Lötzen) 2818 Mrgn., der Krugheimer-See 1880 Morgen. In 20 Jahren ist die Provinz um 300,000 Morgen Wiese reicher geworden. Große Arbeiten der Art können noch in den südlichen Kreisen, „dem seenreichen Lande," ausgeführt werden.

Die Pferdezucht Ostpreußens.

Schon den alten Preußen, die lange vor Ankunft des Ordens das Land bewohnten, war das Pferd ein geschätztes Hausthier. In den Kapurnen (Begräbnißhügeln) hat man neben den Aschkrügen, die die Asche der Todten umschließt, Pferdegerippe gefunden, deren Lage bezeugt, daß diese Thiere einst lebendig neben der Asche ihrer Herren begraben wurden. Das Rößlein spielt im Leben und Volksliede des Littauers eine große Rolle.

Die Ordensritter fanden hier in Preußen kleine Pferde vor, die den Ansprüchen der Landbewohner vollständig genügten, doch nicht im Stande waren, den schwer gepanzerten Reitersmann zu tragen. Deshalb sorgte der Orden für die Zucht eines Pferdes für seine Zwecke. Stutereien entstanden neben Balga, Kobbelbude, Grünhof, Bonslack, Tapiau, Georgenburg und Ragnit. Die Wahl dieser Orte war eine so vorzügliche, daß daselbst bis auf die neueste Zeit die Pferdezucht mit Erfolg getrieben worden ist. Die vom Orden dazu verwendeten Pferde waren dänischer oder holländischer, wol auch orientalischer Abkunft. Noch vom Herzoge Albrecht wird erzählt, daß er schöne Pferde fremden Fürsten zum Geschenk machte. Bei der Verleihung von Gütern an Ritter aus dem westlichen Deutschland verband der Orden die Wehrpflicht, d. h. bei Heerfahrten mußte der Belehnte mit einer gewissen Zahl gut ausgerüsteter Reiter in's Feld ziehen. Kein Wunder darum, wenn man sich bemühte kriegstüchtige Pferde aufzuziehen. Die überaus günstigen Weideverhältnisse der Provinz erleichterten das; jeder Besitzer hatte seinen eigenen Roßgarten. Selbst die Preußen erschütternden und verwüstenden Kriege waren nicht im Stande, die vom Orden begründete Pferdezucht zu erdrücken. Die schwarze Farbe der Pferde scheint früher die beliebteste gewesen zu sein.

Noch im Jahre 1624 wurden aus Preußen zur Ergänzung des Gestüts zu Küstrin 40 Pferde gebracht. Doch auch Privatleute beschäftigten sich angelegentlich mit der Zucht dieser edlen Thiere, so die Grafen Dohna, Finkenstein, Schwerin, Kalnein und der Baron Eulenburg und Andere. Für den kurfürstlichen und königlichen Marstall wurden hier geeignete Pferde ausgesucht, wofür von dort wieder schöne in fremden Ländern angekaufte Zuchtpferde hieher geschickt wurden. — Doch genügten die in der Provinz vorhandenen Pferde damals noch nicht, um den Bedarf der hier garnisonirenden Kavallerie-Regimenter zu decken. Da griff Friedrich Wilhelm I., dem die Provinz Preußen so Großes verdankt, auch hier kräftig ein und vereinigte die kleinen Gestüte alle in Trakehnen 1732. Die jetzt in höchster Kultur stehenden Fluren jenes weltberühmten Gestüts mußten damals erst urbar gemacht werden; denn die Sümpfe und Wälder, aus denen sie damals bestanden, waren lange Jahre hindurch ergiebige Jagdgründe der littauischen Großfürsten gewesen. 1736 schenkte der König diese Domaine dem Kronprinzen, der mit den Ueberschüssen der Einkünfte übel zufrieden war. Die Russen setzten sich auch in den Besitz dieses

Geſtüts, für das ſie noch einige Zuchtpferde ankauften. Da war es nun der damalige hochverdiente Ober=Präſident von Domhardt, dem das Gedeihen dieſer Anſtalt Herzensſache war. Klug und berechnend wußte er Mittel und Wege aufzufinden, um vorerſt den Verfall des Geſtüts zu verhindern. Ja auf ſeinen Vorſchlag that der König nun auch ein Uebriges für das Geſtüt. Ausgezeichnete Zuchtthiere wurden angeſchafft und die Nachkommen dieſer zu hohen Preiſen an die polniſchen Großen verkauft.

Neben dieſem großen Königlichen Geſtüt beſtanden noch die Pri=vatgeſtüte in Georgenburg, Kaſſuben, Göritten, Szirgupöhnen, Löb=gallen, Schreitlaugken, Stanaitſchen, Königsfelde und Ragnit.

Nach v. Domhardts Tode trat der Graf v Lindenau an die Spitze der Geſtütsverwaltung, und ſeiner ausgezeichneten Kenntniß des Pferdes, ſeinem praktiſchen Blicke iſt die nun beginnende Ent=wickelung der Pferdezucht beſonders zu danken. Friedrich Wilhelm III. hob die Pferdezucht beſonders durch die Beſtimmung: den Bedarf von Remonte=Pferden durch Ankauf derſelben aus dem eigenen Lande zu decken. Das hatte anfänglich ſeine Schwierigkeit, weil die Zahl derſelben nicht ausreichend war, doch umſichtige Männer wußten Mittel zu finden, um alle Widerwärtigkeiten zu beſeitigen. Es war dieſes eine ſchwere Aufgabe, da während der Kriege mit Napoleon die Provinz 90,000 Pferde geſtellt haben ſoll. Nach dem Frieden ward ein Schüler des Grafen Lindenau, Herr v. Burgsdorf, der Direktor des Geſtüts zu Trakehnen. Arabiſche und engliſche Zucht=pferde wurden in großer Zahl angekauft, ihre Nachzucht begründet den Ruhm der Provinz ihrer Pferde wegen. — Neben dem Hauptgeſtüt zu Trakehnen beſtehen noch Landgeſtüte zu Gudwallen, Inſterburg und Marienwerder. Sie alle werden mit Zuchtpferden aus dem Hauptgeſtüt verſorgt; der Königliche Marſtall erhält ebenſo ſeinen Be=darf daraus. — Die Zahl ſämmtlicher in Trakehnen befindlichen Pferde betrug 1863 — 1182 Stück.

Neben den Königl. Geſtüten ſind noch berühmt durch die Zucht vortrefflicher Pferde folgende, deren Namen man an jedem Königs=berger Pferdemarkt an den Stallungen der zum Verkauf geſtellten Thiere leſen kann: das v. Fahrenheid'ſche, das von Saucken=Tarputſchen, das des Amtsrath von Neumann, das des Grafen Lehndorf von Steinort u. a. m.

Die Vollendung der Ostbahn hat auf die Entwickelung der Pferdezucht den größten Einfluß geübt. Ohne bedeutende Kosten können nun die hier gekauften Pferde nach dem westlichen Deutschland und andern europäischen Ländern transportirt werden. Fremdländische Pferdekäufer finden sich zu den Pferdemärkten der Provinz, von denen die zu Königsberg und Wehlau die berühmtesten sind, oft sehr zahlreich ein. Die Nachfragen nach den Thieren und ihr Preis sind gestiegen; 6 Monat alte Füllen, die man in frühern Jahren für 30 bis 40 Thlr. kaufte, bezahlt man jetzt mit 50—100 Thlr.

Die Bauern Littauens sind ganz besonders eifrige Pferdezüchter geworden. Die heranwachsenden Füllen werden mit der größten Sorgfalt behütet; ja einige Pferdezüchter gewöhnen die jungen Thierchen derart, daß dieselben am Nachmittage in die Stube an den Tisch kommen, um dort mit Brot und gehackten Eiern gefüttert zu werden. Wie die Kälber, so werden auch sie mit Milch getränkt — denn sie bringen Geld!

In den verschiedenen Gegenden der Provinz sind auch an Werth verschiedene Thiere zu finden. Die Höhen, namentlich ein Theil des Insterburger Kreises, der Darkehmer, Gumbinner, Stallupöner, Pillkaller und Ragniter Kreis erziehen die edelsten und dauerhaftesten. Die Wiesen haben haben hier meist in hohen Lagen süße Gräser. Kleebau wird umfangreich getrieben und mit Körnerfutter nicht gespart. In den Niederungen der Weichsel und der Memel sind die Gräser mastiger, der Boden schwerer, der Kleebau des Wiesenreichthums wegen selten.

Deshalb sind die Weichselanwohner auf die Rindviehzucht, die der Memel auf Pferdezucht gewiesen. Die Pferderennen, welche alle Jahre bei Königsberg, Danzig und Insterburg stattfinden, sind ebenfalls mächtige Hebel für die Pferdezucht. Ganz besonderen Dank für das Gedeihen derselben hat der jetzige Hauptgestüts-Direktor Herr von Schwichow verdient.

Die Zahl sämmtlicher Pferde der Provinz beträgt gegen 600,000. Seit 1849 sind von Remontepferden über 31,000 angekauft.

Die Rindviehzucht.

Die grasreichen Fluren der Provinz sind für die Zucht des Rindes ganz besonders geeignet. Besonders reich an Graswuchs ist Ostpreußen mit Littauen. Der größere Gewinn, den eine Schafheerde ihrem Besitzer bringt, bestimmt allerdings sich immer mehr mit der Pflege der Schafe zu befassen. Nach dem Kriege 1813—15 zählte man in der Provinz 687,096 Stück Rinder, 18651, 060,320. Auch für die bessere Verwerthung dieser Thiere hat die Ostbahn viel beigetragen. Die gerühmtesten Eigenschaften des Rindes sind für seinen Besitzer Zugkraft, Mastungs = Fähigkeit und Milchergiebigkeit Zur Verbesserung der hiesigen Rinderrace führte der schon genannte Oberpräsident von Schön in England gekaufte Thiere hier ein. Andere Besitzer ließen sich aus Oldenburg, aus der Schweiz und dem Voigtlande Zuchtthiere kommen. Auf Kosten der landwirthschaftlichen Vereine sind in jenen Ländern Thiereinkäufe gemacht, und auf Auctionen wurden dieselben nachher verkauft. Am gesuchtesten ist die Oldenburger Race geworden, die auf zahlreichen Gütern eingeführt ist Die Aufzucht starker Arbeitsochsen ist gewinnbringend und wird mit Vorliebe von den kleinern Besitzern getrieben, die auf den Märkten 60 bis 90 Thlr. pro Kopf erzielen. Westpreußen, mit Ausschluß seiner Werder, hat seiner Grasarmuth wegen kleines Vieh. Ochsen als Pflugzugthiere sind ihrer Vortrefflichkeit wegen sehr gesucht. Berühmt ist das Rind der Weichselniederungen, dessen Stamm einst mit den Colonisten aus Holland hieher geführt sein soll, doch wird es von der nun aus Oldenburg eingeführten Race an Werth übertroffen. Die Milch jener soll wässriger sein und die Milchergiebigkeit nur für kürzere Zeit andauern. Die Milch wird in der Nähe kleiner und größerer Städte dorthin mit gutem Gewinn verkauft; Butter und Käse wird auf entferntern Gütern daraus hergestellt. Der durchschnittliche jährliche Milchertrag einer Niederunger Kuh wird auf 2100 Quart geschätzt, ja ausgezeichnete Thiere dieser Art sollen es auf das Doppelte bringen. In der rechten Vollweide soll eine solche Kuh täglich ein Pfund Butter geben. Heu, Rüben, Oelkuchen und die Schlempe der Brennereien sind das beliebteste Futter für das Rind. Der Milchertrag vieler Güter ist an den sogenannten Homann = Hofmann verpachtet, der an Pacht pro Kopf durchschnittlich 20 Thlr. zahlt. Für das Futter hat der Herr Sorge zu tragen, ebenso für die Wohnung und den Holzbedarf des Milchpächters. Die älteste Butterfabrikation nach Holsteiner Art ist vom Besitzer des Gutes Kapkeim, Herrn Heubach, eingeführt; andere Herren sind später seinem Beispiele gefolgt. Ein großer Theil dieser Butter wird nach Berlin geführt und mit 30—35 Thlr pro Ctr. dort verkauft.

Viele Milch wird zur Käsebereitung verwandt, indem man sie durch Zusatz von Laff (Lab) d. i. Kälbermagensäure, zum Gerinnen bringt, sodann salzt, in Formen preßt und gegen 6 Wochen auf dem Trockenboden behandelt. Ein Centner dieses Niederunger Käses kostet 8 — 10 Thlr.; zu einem Pfund desselben werden durchschnittlich fünf Quart Milch gebraucht. Schweizerkäse bringt höhern und der Brioler den höchsten Gewinn; doch muß letzterer, soll er nicht verderben, schnellen Absatz finden. — Traurig ist das Loos der Ochsen. Nach schwerer Arbeit, die erst der Winter endet, werden dieselben, vornehmlich in kleinen Wirthschaften, auf schmale Kost gesetzt — Stroh, Spreu und Wasser. — Man tröstet sich mit der Hoffnung, daß die Frühjahrsarbeit die Thiere stärken werde. Ihre Leistungsfähigkeit beträgt deshalb auch nur 1 Morgen pro Tag beim Pfluge, besser genährte zwingen wol 1½ Morgen fertig Mast= vieh wird meistens in Verbindung mit großen Brennereien gefunden. Im Huntauschen, am Frisching und einigen anderen Gegenden der Provinz werden im Frühlinge Ochsen aufgekauft und auf die Fett= weide gebracht. Im Herbste holen sie die Händler und zahlen annehm= bare Preise, so daß der Ertrag solcher Wiesen pro Morgen wol 20—30 Thlr. beträgt.

Um zur Zucht des Rindes mehr anzuregen, hat der landwirth= schaftliche Verein für Einrichtung von Fettviehmärkten zu Königsberg, Elbing und Danzig Sorge getragen.

Die Schafzucht.

Die Zucht des Merino=Schafes hat erst in den letzten Jahren an Verbreitung gewonnen. Früher hatten die Landbesitzer nur das deutsche Landschaf mit grober Wolle und starken Knochen. In den Niederungen, namentlich in der Elbinger, züchtete man die sogenannten Vagas oder Marschschafe. Sie sind wahrscheinlich von Kolonisten aus Holland eingeführt; hochbeinig und starkknochig erreichen sie eine Höhe von 2½ und eine Länge von 5 Fuß. Beide Schuren geben 5—6 Pfd. Wolle. Sie sind wählerisch im Futter, während das Landschaf höchst genügsam ist. Die sogenannten Schäferschafe mit feinerer Wolle waren in Littauen verbreitet; wahrscheinlich stammen sie von englischen Schafen ab, die früher hier eingeführt wurden. 1816 hatte die Provinz ganz veredelte Schafe 27,272, im Ganzen 782,341. 1858 ganz veredelte 1,418,997, im Ganzen 2,839,827. 1865: 3,810,184.

Das Verdienst die Merinoschafe hier eingeführt und verbreitet zu haben, gebührt ebenfalls dem verewigten Oberpräsidenten v. Schön. Schön veranlaßte es, daß ein Herr Fink, Besitzer von Blumberg, einen solchen Stamm edler Thiere kommen ließ. So machte er es in der Folge noch Domainenpächtern zur Bedingung, Thiere der genannten Art einzuführen. Als der genannte Oberpräsident einem erfahrenen Landwirthe im Jahre 1823 die Frage vorlegte: „Auf welchem Wege ist das landwirthschaftliche Gewerbe in unserer Provinz zu heben und wodurch sind die Besitzer am sichersten zu unterstützen?" so lautete die Antwort: „Durch Schafe!" Demzufolge wurden auf Kosten des Staates 1824/25 aus Sachsen 9000 Zuchtschafe gekauft und an verschiedene Besitzer vertheilt. Neben v. Schön verdienen die Männer Magnus, v. Brünneck und Wagner für die Einführung, schnelle Verbreitung und zweckmäßige Leitung der Merinozucht das größte Lob.

Die Schweinezucht.

Die Zucht der Schweine war vor 15 und mehr Jahren bedeutender denn jetzt. 1858 wurden in der Provinz über 600,000 und 1865 636,668 Schweine gezählt, während die Provinz Brandenburg ungefähr nur die Hälfte dieser Zahl aufwies. Ganze Heerden der im Lande aufgekauften Thiere werden mit der Ostbahn nach Berlin und gar noch weiter nach Westen transportirt. Instleute, Handwerker und kleine Besitzer hielten mehrere dieser Thiere, ja manches Ferkel theilte in den kältesten Tagen die Stube mit seinem Herrn. Seitdem aber die Verhältnisse der Gutsbesitzer gegen ihre Instleute in vielen Fällen andere geworden sind, indem nämlich die Gutsherren den Leuten den sogenannten Morgen abgenommen und sie durch baares Geld oder Deputat entschädigen, hat die Schweinezucht abgenommen. Ebenso ist auch der zunehmende Sinn für Ordnung und Reinlichkeit daran Schuld. Dagegen hat die Liebe zur Schweinezucht bei den größeren Besitzern zugenommen. Ungarische und englische Zuchtschweine wurden angekauft, und bei gleicher Genügsamkeit wie die unserer gewöhnlichen Landschweine, haben dieselben eine größere Mastungsfähigkeit. Neben Brennereien und Brauereien bestehen die größten Schweinemastställe.

Fischerei.

Der Reichthum der Provinz an fischreichen Gewässern forderte die Bewohner zur Fischerei auf. Man unterscheidet Haff-, See- und Flußfiſcherei. Bei der erſtern kommt die Segelfiſcherei zur Anwendung, wobei ein Bot, an welchem ein großes Zugnetz befeſtigt worden iſt, vom Winde bewegt, hinſegelt und das Netz mit fortzieht. Es läuft in ein Sacknetz aus, in welchem der Fang zuſammengedrängt und mit Hilfe eines Käſchers daraus entfernt wird.

Die Stellfiſcherei wird mit Hilfe ſogenannter Säcke oder Wenter, die mittels langer Stangen oder Pricken auf dem Grunde des Haffes befeſtigt werden und zwar da, wo man den Zug der Fiſche ver= muthet, betrieben. In See'n, Mühlenteichen und ſeichten Flußſtellen fiſcht man ebenſo.

Mit dem ſogenannten Wadnetze, das von 2 Menſchen, die im Waſſer waten, gezogen wird, fiſcht man in Teichen oder am Rande des Haffes. Der Aalfang wird mit ſehr langen Schnüren, daran eine Unzahl Angelhaken ſitzt, betrieben. Aehnlich wird der Dorſch= fang in der See betrieben. Eine Schnur zu dieſem Zwecke hergeſtellt, trägt wol über 100 Schock Angelhaken, die mit Strömlingen, Sutter oder Würmern beſteckt ſind, und die der Fiſcher oft 2 bis 3 Meilen von dem Lande entfernt, auswirft. Ungleich ſchwieriger iſt die Win= terfiſcherei, welche oft einen großen Ertrag giebt. Man ſchlägt an geeigneten, den Fiſchern wohlbekannten Stellen, Löcher in's Eis, und zwar eine Menge kleinerer von etwa einem Fuß im Quadrat und zwei große, etwa vier Fuß lange und breite. Die kleinen beſchreiben gegen das Ufer einen Bogen, deſſen Enden ſich wieder einander nähern und ſind ſo nahe aneinander gerückt, daß man mit einer Stange von einem zum andern reichen kann. Durch die große Wuhne läßt man das große Zugnetz in's Waſſer, ſchiebt es durch die an den Flügeln befeſtigten Stangen längs der Bogenlinie der kleinen Oeffnungen unter dem Eiſe her, und zieht es zugleich durch Taue fort bis an die zweite Wuhne, durch welche man es mit dem Fange herausnimmt.

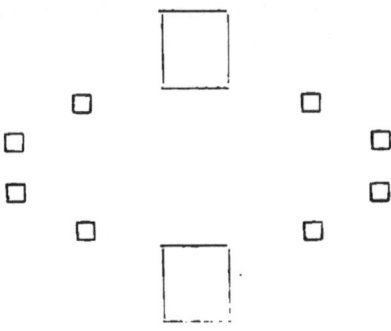

Fische, die besonders häufig gefangen werden, sind: Flunder, Kliesche, Scholle, Steinbutte, Strömling, Dorsch, Stör, Stint (vielleicht jährlich 6000 Scheffel), Aal, Neunauge, Barsch, Kaulbarsch, Plötz, Lachs, Quappe, Zander, Brassen, Hecht, Uckelei, Rothauge und Karausche.

Der Fischwerth, der im kurischen Haff gefangenen Thiere, dürfte mit 70,000 Thlr. pro Jahr nicht zu hoch berechnet sein. Die Staatskasse erhält an Fischzins ungefähr 36,000 Thlr. in unserer Provinz.

Die landwirthschaftlich-technischen Gewerbe.

Dazu gehören:

1. **Die Brennereien,** die besonders des vorherrschenden Kartoffelbaues wegen im südlichen Theile des Reg.-Bez. Gumbinnen und Königsberg, im nördlichen Theile des Reg.-Bez. Danzig und in Kassuben vertreten sind. Der magere Boden eignet sich zum Anbau einer anderen Frucht nicht.

2. **Die Brauereien.** Seitdem das bairische Bier eine so große Verbreitung in der Provinz gefunden hat, sind viele Brauereien auf den Gütern eingegangen; statt dessen sind in den Städten neue entstanden. Das Klima macht, daß man in 1000 Theilen Bier 90—100 Theile Spiritus wünscht. Neben den bairischen Bieren wird noch eine Menge Weiß- und Braunbier fabricirt.

3. **Stärkefabriken;** deren befinden sich 2 in der Provinz, nämlich zu Insterburg und Heilsberg; außerdem wird in vielen Wirthschaften der nöthige Stärkebedarf selber bereitet.

4. **Runkelrüben-Zuckerfabriken** waren früher hier 3 gegründet, sind aber sämmtlich eingegangen.

5. **Torffabrikation.** Die Provinz hat große Vorräthe an Torfmooren; der Torf ist entweder Stich- oder Streichtorf. Anlagen, um guten Preßtorf herzustellen, entbehrt die Provinz zur Zeit noch. Eine Anlage zu diesem Zwecke in Schilleningken bei Tilsit, hat leider den gehegten Erwartungen nicht entsprochen. Der zum Heizen gewisser Lokomotiven nöthige Torf soll nun in einer von der Königlichen Ostbahn hergestellten Anlage gepreßt werden.

6. **Ziegelfabrikation.** Dieser Gewerbszweig ist sehr in Aufnahme gekommen, da die zahlreichen Neubauten der Provinz recht vieles Material erfordern. An schiffbaren Gewässern befinden sich die größten und einträglichsten Ziegeleien. Als Brennmaterial verwendet man zu diesem Zwecke Holz und Kohlen, nirgends Steinkohlen.

7. **Cementfabriken.** Trotz des reichlich vorhandenen Materials an Mergel (Thon und Kalk) zur Herstellung von Cement, ist nur eine derartige Fabrik in Powunden bei Elbing vorhanden. Die von der Königl. Regierung bei Dirschau eingerichtete Fabrik ist nach Vollendung des Brückenbaues eingegangen.

8. **Glashütten.** Der Holzreichthum Masurens hat die Errichtung einiger Glasfabriken zur Folge gehabt. Die jetzt bestehenden fertigen meistens gewöhn-

liches Tafelglas und Flaschen allerlei Art. Die in Gilguhnen bei Allenstein bestehende liefert sehr schönes weißes Fensterglas und Glasgeräthe feiner Art. Die Rohmaterialien dazu werden in der Nähe der Fabrik gefunden.

9. **Eine Fisch=Guano= und Knochenmehl=Fabrik** ist seit ungefähr zehn Jahren in dem Fischerdorf Labagienen bei Labiau gegründet. Im Volksmunde heißt's: „Man riecht weit eher Labagienen, denn man es sieht." Die Fabri= kate dieser Fabrik werden von den Landwirthen gern gekauft.

10. **Knochenmehlfabriken.** Endlich ist die Zeit gekommen, daß der gute Dungstoff, den die Provinz in den Thierknochen hat, nicht mehr für billiges Geld nach England verkauft wird. Die Fabriken zu Königsberg und Labagienen liefern gerühmte Dungstoffe.

11. **Chemische Düngerfabriken.** Um den theuern amerikanischen Guano entbehren zu können, ist bei Königsberg eine Fabrik angelegt, in der der flüssige Straßen= und Latrinen=Dünger durch hinzugesetzte Stoffe trocken ge= macht wird, so daß er in Pulverform verschickt werden kann. Er kommt unter dem Namen Taffée in den Handel.

12. **Bienenzucht.** Dieselbe war in vergangenen Jahrhunderten weit bedeu= tender. Die Zählung von 1865 ergab in der Provinz 135,952 Stöcke.

Die Industrie der Provinz.

Verglichen mit den andern Provinzen unseres Vaterlandes steht unsere Provinz in der Industrie noch ziemlich zurück. Die letzte Zählung ergab folgendes Resultat: Für die Beschaffung von Fleisch und Brot sorgten ca. 1900 Fleischer (Meister), über 2400 Bäcker und 2800 Fischer.

Die Lederbereitung besorgten 600 Gerber Mit Lederverarbeiten beschäftigten sich 8000 Schuhmacher, 1321 Riemer und Sattler, 849 Kürschner sorgten für Mützen, Pelz= u. a. Gegenstände. Unter den Bauhandwerkern zählte man 367 Maurermeister mit gegen 7200 Gesellen, 434 Zimmermeister mit 5500 Gesellen. 2800 Räder= und Stellmachermeister, 41 Schiffsbauer mit 835 Gehilfen, 1635 Bött= cher mit 566 Gesellen, 702 Drechsler mit 271 Gesellen und 5155 Tischler mit 2512 Gesellen verarbeiteten das Nutzholz. Töpfermeister gab es 1411 mit 790 Gesellen; 46 Segelmacher und Netzstricker beschäftigten 272 Gesellen und Lehrlinge. Eisen und andere Metalle verarbeiteten 6100 Huf=, Grob= und Kesselschmiede mit 2351 Gesellen und 1275 Schlösser mit gegen 1300 Gesellen. Mit der Herstellung von Kleidungsstücken waren 9874 Schneider und Schneiderinnen mit 5280 Gesellen beschäftigt. 3 Theater mit 127 Personen sorgten für das Amüsement.

An Fabriken und Einrichtungen, die Arbeiten für den Groß= handel erzeugten, gab es:

1 Fabrik für Zwirn-, Strick- und Stickgarn aus Baumwolle, Wolle und Leinen; 1 Flachs- und Hanfbereitungs-Anstalt; 13 Watten- und Docht-Fabriken; 25 Streichgarn- und Halbwollengarnspinnereien; 1 Handkämmelei, Leisten- und Haarspinnerei; 372 Webstühle in Baumwolle und Halbbaumwolle; 757 Webstühle in Leinen; 216 Webstühle in Wolle und Halbwolle; 32 Strumpf-Webereien und Strickereien; 2 Bandwebereien; 76 Webstühle zu anderen Geweben; 114,550 Webstühle als Nebenbeschäftigung zu Leinwand; 1732 Webstühle als Nebenbeschäftigung zu grobwollenen Zeugen; 2028 Webstühle als Nebenbeschäftigung zu andern Geweben; 2 Tuchfabriken; 37 Walkmühlen; 4 Fabriken für baumwollene und halbwollene Zeuge; 30 Fabriken für leinene Zeuge; 1 Fabrik für Nicht-Seiden- und Sammetbänder und für Posamentir-Waaren; 1 Fabrik für Strumpfwaaren; 8 Garnbleichen und Siedereien; 5 Stückbleichen; 65 Garnfärbereien; 39 Zeugdruckereien; 58 Eisenwerke incl. Hütten für Stahleisen und Eisenwalzwerke; 20 Stahl- incl. Walz- und Drahtwerke; 19 Fabriken für Maschinen und eiserne Schiffe; 3 Eisenbahn- und andre Wagenfabriken; 12 Eisen- und Blechwaaren-Fabriken, Sensen-, Hämmer-, Ketten-, Anker- und Schrauben-Fabriken; 2 Stuhl- und Schreinerwaaren-Fabriken; 12 Eisengießereien für Heizapparate und Kochgeschirre, 2 Stecknadelfabriken; 1 Fabrik für Kupfer-, Bronze- und Messingwaaren; 256 Kalkbrennereien; 952 Ziegeleien; 11 Gypsmühlen; Asphalt-, Cement- und Schlemmkreidefabriken; 8 Cooks- und Gasbereitungsanstalten; 6 Chemikalien-, Bleiweiß-, Zinkweiß- und Farben-Fabriken; 3 Zündwaarenfabriken; 5 Parfümerie- und Seifenfabriken; 5 Glasschleifereien und Polirwerke; 7 Steingut- und andere Erdenwaarenfabriken; 339 Oehlmühlen und Oelraffinerien; 146 Lohmühlen; 373 Sägemühlen und Journierschneidereien; 9 Pott- und Weidasche- und Flußsiedereien; 124 Theeröfen und Pechsiedereien; Kienöl- und Rußhütten; 1 Fabrik für gefärbtes und lackirtes Leder; 7 Leimsiedereien und Gelatinfabriken; 2 Wachsbleichen, Wachslicht- und Wachswaarenfabriken; 20 Stearin-, Olein-, Oelsäure-, Licht- und ordinäre Seifenfabriken; 17 Knochenmühlen, Beinschwarz-, Poudrett-, Kunstdüngerfabriken und Bluttrocknungsanstalt; 5 Regen- und Sonnenschirmfabriken; 5 Fabriken für Möbel, Holzleisten- und Holzschnitzarbeit; 26 Papier- und Pappfabriken und Papiermühlen; 1 Papiertapetenfabrik; 2 Siegellack-, Oblaten-, Feder- und Bleistift-Fabriken; 1 Steinpapp- und Papiermachéfabriken; 1 Strohhut- und Stroh-

waaren=Manufaktur; 1071 Wasser=, 2298 Wind=, 705 Roß= und 62 Dampfmühlen; 4 Fleischpökeleien und Fabriken für getrocknete und eingemachte Speisen; 16 Stärke=, Stärkesyrup=, Kraftmehl=, Nudeln=, Sagofabriken; 10 Chokoladen=, Kaffeesurrogate=, Cichorien= und Senffabriken; 50 Taback= und Cigarrenfabriken; 1 Zuckerraffinerie; 1 Fabrik für eingedickte Pflanzensäfte (Obst, Rüben); 81 Essig= und Holzessigfabriken; 532 Bierbrauereien; 822 Branntweinbrennereien und Destillir=Anstalten; 4 Mineralwasserfabriken; 3 Käse= und Butterfabriken; 2 Shoddyfabriken; 49 Mühlen zur Entwässerung des Landes.

Die Provinz zählt über 8400 Gewerbsanstalten, in denen gegen 800,000 Menschen beschäftigt werden; 353 Dampfmaschinen mit gegen 366,000 Pferdekräften.

Von Bergwerksprodukten wurden 1861 in der Provinz nur 7151 Ctr. (4995 Ctr. Braunkohlen und 2156 Ctr. Eisenerz) gewonnen, die einen Werth von 10,835 Thlr. hatten.

Sämmtliche Hütten producirten 214,078 Ctr. im Werthe von 1,017,224 Thlr.

Vertheilung des Grundbesitzes nach der Fläche in der Provinz.

Es giebt

Besitzungen von unter bis		5	Magdeburger Morgen		49,212
=	=	über 5— 30	=	=	44,581
=	=	= 30—300	=	=	82,956
=	=	= 300—600	=	=	4,370
=	=	= 600		=	4,123

Die Zahl sämmtlicher Besitzungen beträgt 185,242; der Flächeninhalt 20,767,395 Morgen.

Die Zahl der kreistagfähigen (privilegirten) Güter beträgt in der Provinz 2343.

Die Zahl der Domainen beträgt 201 mit über 3 Millionen Morgen. Güter, die 100 oder mehr Jahre in dem Besitz einer und derselben Familie gewesen sind, giebt es nur 59. Seit circa 16 Jahren hat das Ackerland um 983,000 Morgen zugenommen.

Frühere Eintheilung der Provinz.

Nach Duisburg, dem ältesten Ordens=Chronisten, zerfiel Preußen in die elf Landschaften: Kulm, Pomesanien, Pogesanien, Warmien,

Natangen, Samland, Nadrauen, Schalauen, Barten, Sudauen und Galinden.

Eintheilung während der Ordensherrschaft.

Der Orden verwaltete alles Land, das ihm in Preußen oder sonstwo gehörte, in der Weise, daß in den von ihm abgegrenzten Verwaltungsbezirken ein Convent von Ritterbrüdern in jedem bedeutenden Hause (Schloß) residirte, dem ein Comthur vorstand.

Die Comthureien waren nach ihrer geographischen Lage zu Provinzen vereinigt, welche man Balleien (Balia von bajulus, Amtmann) nannte, und die von Provinzial=Comthuren verwaltet wurden.

Neben den Provinzial=Comthuren standen, als Aufseher der Gesammtheit mehrerer Balleien, die Meister. Jeder Verwaltungsbezirk war in Kammerämter getheilt, die meistens von Vögten verwaltet wurden.

Eintheilung des herzoglichen Preußen.

Das Land wurde damals in die drei Kreise Samland, Natangen und Oberland getheilt. Diese Eintheilung war für das Herzogthum von besonderer Wichtigkeit. Die Kreishauptstädte waren damals: Königsberg in Samland, Bartenstein in Natangen und Saalfeld im Oberlande. Die früheren Amtsbezirke des Ordens wurden als herzogliche Aemter beibehalten.

An der Spitze jedes Amtes stand ein Hauptmann. Während der längsten Zeit haben 34 Haupt= und 5 Erbämter neben einander bestanden: I. Zum Samländischen Kreise gehörten außer der Stadt Königsberg, die zu keinem der Aemter gerechnet werden kann, folgende 9 Hauptämter: Schaaken, Fischhausen, Tapiau, Neuhausen, Labian, Insterburg, Ragnit, Tilsit, Memel. II. Zum Natangschen Kreise gehörten 13 Hauptämter und 2 Erbämter: Brandenburg, Balga, Pr. Eylau, Bartenstein, Rastenburg, Oletzko, Barten, Angerburg, Lyck, Johannisburg, Rhein, Lötzen, Sehesten. — Gerdauen und Neuhof. III. Zum Oberländischen Kreise gehörten 12 Haupt= und 3 Erbämter: Pr. Holland, Mohrungen, Liebstadt, Pr Mark, Liebemühl, Osterode, Hohenstein, Marienwerder, Riesenburg, Neidenburg, Soldau, Ortelsburg. — Rosenberg, Dtsch. Eylau, Gilgenburg.

1752 wurden die Hauptämter aufgehoben, die Provinz in 10 Kreise getheilt, und zur Verwaltung derselben die Landräthe bestellt. Die Kreise hießen: Schaaken, Tapiau, Insterburg, Branden=

burg, Rastenburg, Sehesten, Oletzko, Mohrungen, Marienwerder und Neidenburg. Nach allen den kriegerischen Zeiten erhielt die Provinz 1815 die jetzt bestehende Eintheilung, die endlich 1818 ausgeführt war. Bei der Kreisherstellung war darauf Bedacht genommen, daß der Landrath den Kreis gehörig übersehen könne, daß die Kreiseingesessenen nicht leicht über 2 bis 3 Meilen vom Sitze der Kreisbehörde entfernt wären, und die Bevölkerung nicht über 36,000 und nicht unter 20,000 betragen sollte.

Höhenzüge.

a. westlich der Weichsel.

Unsere Provinz hat, wie überhaupt die an 100,000 ☐ Meilen große Sarmatische Tiefebene, von der sie ein kleiner Theil ist, keine Gebirge, keine massenhaft auftretenden Felsparthien. Die höchsten Erhebungen des Landes bilden die Höhenzüge, welche dasselbe in verschiedener Richtung durchziehen. Sie sind ein Theil des Uralisch-Baltischen Höhenzuges, der in Jütland beginnt, seine Fortsetzung in Rußland hat und dort am Ural sein Ende erreicht. Seine mittlere Höhe beträgt 4- bis 500 Fuß. Der auf dem linken Weichselufer lagernde Theil desselben beginnt in der Nähe Danzigs und heißt Pommerellscher Höhenzug. Seine Ausläufer bilden die lieblichen Höhen, die Danzig umlagern, von denen der Karls- und Johannis-Berg besonders nennenswerth erscheinen. Seine Hauptrichtung nimmt er von NO. nach SW. Einen Gebirgscharakter zeigt dieser Höhenzug mit seinen Thälern, Schluchten und Gewässern, im „blauen Ländchen" der Kassuben, zwischen Carthaus und Berent, indem er sich in zusammenhängender, etwa ½ Meile langer Kette beträchtlich über die benachbarte Gegend und zwar meist in jähem Ansteigen erhebt und schon in weiter Ferne zn sehen ist. Wer Carthaus besucht, versäume nicht nach dem ½ Stunde entfernten Forsthause Bülowo zu gehen, das 847' hoch liegt. Der Blick nach Süden 'trifft hier in duftiger blauer Ferne auf einen hohen mächtigen Kamm, der weit über die vorliegenden, nicht unbeträchtlichen Erhebungen hervorragt, es sind die Schönberge, die ihre nördliche und nordwestliche zum Theil bewaldete Seite zeigen und lebhaft an solch' kleinere Gebirge, wie das Siebengebirge, die Rhön, den Thüringer Wald u. a. erinnern, ein Anblick, den man in Preußen sonst nirgend haben kann. Hier haben Schwarzwasser, Motlau, Radaune, Leba und Stolpe ihre Quellen.

Die höchste Spitze des Pommerellischen Höhenzuges, der Thurmberg, erreicht 1066 Fuß Höhe. Die Erhebungen an dem romantischen Radaunesee ebendaselbst betragen 798 Fuß. Der Thurmberg ist die höchste Erhebung des Ural-Baltischen Höhenzuges, denn die in Rußland lagernden Kuppen erreichen nur 850 Fuß Höhe. Bei Carthaus theilt sich der Landrücken; ein Zweig desselben nimmt seinen Zug westlich längs der Grenze Pommerns und überschreitet bei Baldenburg die Grenze jener Provinz; der andere Arm streicht auf dem linken Ufer der Brahe hin, bis in die Gegend des Bromberger Canals. Da dieser Höhenzug aus Sand besteht, so ist er in seinem größten Theil zum Ackerbau und zur Weide unbrauchbar. Die Abdachung jenes Theiles der Provinz erstreckt sich von NW. nach SO., dem Laufe der Weichsel entgegen. Der nördliche Theil des Höhenzuges dacht sich nach Norden zur See hin ab und bildet eine Strecke lang den westlichen Höhenrand des Weichselthales. Der an die See herantretende Theil bildet steile Küsten, so bei Koliebke, Oxhöft, Putzig; der höchste Punkt ist der bei Rixhöft.

b. östlich der Weichsel.

Der große Höhenzug östlich der Weichsel beginnt mit den sandigen Bindigsbergen, die eine Kette kahler Sandhügel sind, bei Graudenz, und zieht dann nordöstlich nach Mohrungen, hier theilt sich derselbe. Ein Arm wendet sich nördlich nach Elbing. Seine höchste Erhebung ist die bei dem Kirchdorfe Trunz, welches 635' hoch liegt. Dieser Arm der Höhe verzweigt sich im Oberlande und bildet dort liebliche Landschaften. An den Ufern des frischen Haffes verliert er sich, indem er noch reizende Fleckchen Erde bei Elbing, Kadienen, Tolkemit und Frauenburg bildet.

Der andere Arm streicht von Mohrungen nach SO. über Passenheim, Sensburg, Rhein den großen See'n vorbei nach dem Pregelthale. Dieser Höhenzug zeigt meist eine sanft gewellte Fläche, in der niedrige, breit gerundete Hügel von sehr beschränkter Aussicht mit wenig vertieften Thälern wechseln. Selten erhebt sich hier und da ein schroffer, kegelförmig aufsteigender Berg, der einen weiten Ueberblick über die Umgegend gewährt und den Eindruck hervorruft, daß man auf beträchtlicher Höhe steht.

Die bedeutendsten Erhebungen auf diesem Höhenzuge sind:

die bei Dagujchen	913'	hoch
= = Galubien	879½'	=
= = Zabajeden	776½'	=
= = Colnijchten	860'	=
= = Friedrichshaven	986'	=

Der Seeeêter=Berg, der einem Kameelrücken gleicht (zwischen Osterode und Gilgenburg) 986½', der Pillacker Berg, 696', der bei Lautern an der Chaussee von Bartenstein nach Bischofsburg 703', der bei Sumrowen südlich von Rössel) 669', der am Mispelsee bei Hohenstein 684', der von Kernsdorf bei Gilgeuburg 998', der Goldapper Berg 868½' hoch. Die auf diesem Höhenzuge lagernden See'n, haben folgende Höhen: der Drewenz= 306', Samrodt= 336,, Spirdings= 415', Lycker=See 420' Höhe bei einer Tiefe von 50—120'.

Ein dritter Höhenzug ist der Stablack, eine waldige, wellenförmige Hoch= fläche noch reich mit Wald bedeckt. Die höchste Kuppe derselben ist der 694' hohe Schloßberg bei Wildenhof. Die Höhe bei Pr. Eylau, demselben Höhen= zuge angehörend, ist 562' hoch.

Der Höhenzug im Samland.

Der höchste Punkt Samlands ist der 351¼' hohe Galtgarben oder Rinauerberg, der ein einfaches und prunkloses Denkmal zur Erin= nerung an den glorreich geführter Befreiungskrieg trägt. Auf ihm ist der Stifter jenes Denkmals, der Kriegsrath Scheffner, begraben, der Gesinnungsgenosse Arndt's und anderer Männer, die eine Wieder= geburt des Staates erhofften und vorbereiten halfen. Der Galtgarben ist der Knotenpunkt des samländischen Höhenzuges, der nach NW. und Süden seine Zweige aussendet. Der nördliche, den man das große Gebirge (2½ Meilen lang) oder die Alk nenut, streicht nach der See und endet dort mit steilem Ufer. Verschiedene Parthieen sind auf ihm ganz hübsch und gerne sieht man sie öfter wieder. Ein= zelne Verzweigungen schickt derselbe nach O. und nach W. hin. Die Gegend, welche der westliche Arm des Höhenzuges durchstreicht, nennt man auch die „samländische Schweiz," er hat etwa 2 Meilen Länge und endet ½ Meile von der See mit dem 250' hohen Hausenberge. Mit diesem Höhenzuge hängt der am nördlichen Seestrande lagerude, 195' hohe Wachbudenberg bei Klein=Kuhren zusammen. Der dritte, südlich gerichtete Zweig des samländischen Höhenzuges erreicht unge= fähr 2 Meilen Länge und verliert sich in der Capornschen Haide.

Noch merkenswerth sind die an der Memel gelagerten Schreit= launger Berge mit dem sagenreichen, altberühmten Rombinus in der Nähe Tilsits und dem Kapellenberge, der 240' hoch ist. In seiner Nähe die reizende Gegend bei Eißeln, in der Nähe Ragnits.

Die Küste und die Nehrungen.

Die Küstenlänge unserer Provinz beträgt gegen 60 Meilen. An keinem andern Meere haben so großartige Umformungen der Küste stattgefunden, wie an der Ostsee. Kein Meer zeigt so mächtige und unaufhaltsam fortschreitende Dünen wie das genannte. Die Dünen sind ein Erzeugniß des Meereskampfes. Der Sand ist das Gerölle, welches durch die Zertrümmerung des Gesteins durch Wogengewalt entstanden ist. Dänemarks und Frankreichs Küsten zeigen ähnliche Erscheinungen hinsichtlich der Dünen, doch nie so großartige wie unsere Provinz; die Dünenkette der kurischen Nehrung überragt die See 150′, ja wol 180′. Sie zeigt ein langsames Wandern. Ueber Dörfer, Wälder und heidnische Begräbnißplätze schreitet der Sandwall hinweg, um theilweise in das Haff zu stürzen. So verschwanden unter dem Sande die Dörfer Carwaiten, Alt- und Neu-Lättenwalde, Kunzen und Negeln.

Auf der frischen Nehrung erlitt 1824 das Dorf Schmeergrube ein gleiches Schicksal. Auch die Tiefe oder Gatts haben auf der frischen Nehrung im Laufe der Jahrhunderte gewechselt. Das ältest bekannte befand sich zwischen Kahlberg und Schmeergrube, ein anderes bei Lochstädt. Als das letztere versandete, wurde die Nehrung dem Dorfe Rosenberg gegenüber durchbrochen, aber 1455 verdarben und verflachten dasselbe die Danziger, um den Handel von Königsberg und Elbing zu lähmen. 1510 öffnete sich die Landzunge bei Pillau. Das Tief der neuesten Zeit ist das von Neufähr, 1840 gebildet. Die Landzunge Hela hat früher ähnliche Schicksale erlebt und wird gegen Wiederholung derartiger Vorgänge jetzt durch Anpflanzungen und Wasserbauten geschützt.

Spuren von Wäldern, die nun unter dem Meeresspiegel liegen, finden sich bei Cranz, Nidden und im Putziger Wiek.

Die frische Nehrung ist ungefähr 13 Meilen lang und ½ bis ⅚ Meilen breit, sie ist eine Halbinsel, die sich zwischen Ostsee, frischem Haffe und Weichsel hinzieht.

Gewässer.

A. Die Landsee'n.

Die Zahl derselben war früher sehr groß. Im 12. Jahrhundert betrug sie in Ostpreußen allein 2037. Der Staat sowol, wie die Privatbesitzer haben viele derselben abgelassen oder ihre Grenzen doch sehr eingeschränkt. Ihre Zahl dürfte 300 nicht mehr übersteigen. Die Richtung der meisten ist nach der Küste hin gestreckt, wie in Pommern. Sie liegen theils einzeln, theils in Gruppen vereinigt. Die Höhen= lage der See'n ist verschieden, sie richtet sich nach dem Höhenzuge, dem sie eingebettet sind. Die Tiefe beträgt 50—100—120 Fuß. Von diesen Landsee'n haben mehr denn 170 über 300 ☐Morgen Inhalt; der größte derselben, der Spirding, aber über 1☐Meile.

Die bedeutendsten derselben sind:

I. Im Regierungsbezirk Königsberg.

1. 2. Der Lanster= und Plautziger=See (Kreis Allenstein).
3. Der Nordenburgsche (Kreis Gerdauen).
4. Der Drausensee (theilweise im Kreise Pr. Holland).
5. 6. Der Geserich= und Narien=See (Kreis Mohrungen).
7. Der Omuleff im Kreise Neidenburg.
8. Der Schobensee im Kreise Ortelsburg.
9. 10. Der Drewenz und Schillingssee im Kreise Osterode.
11. 12. Der Dadai= und Lauternsee im Kreise Rössel.

Die Oberfläche der See'n dieses Regierungsbezirkes beträgt fast 7 ☐Meilen.

II. Im Regierungsbezirk Gumbinnen.

1. Der Mauersee. Theile desselben: Dargeimen=, Lötzner= und Dobisch=See.
2. Der Goldapper=See im Kreise Angerburg.
3. Der Wystiten=See im Kreise Goldapp
4. Der Spirding=See (meist im Kreise Sensburg).
5. 6. Der Warschau= und Arhs=See (Kreis Johannisburg).
7. 8. Der Löwentin=See, das Rheinische= oder Talterwasser (Kreis Angerburg).
9. 10. Der Lasmiaden= und Rangrober=See (Kreis Lyck).
11. Der Muckersee (Kreis Sensburg).

Sämmtliche See'n des Regierungsbezirks Gumbinnen betragen 12 ☐Meilen.

III. Im Regierungsbezirk Danzig.

1. Wdzydze=See (Kreis Berent).
2. Der Drausen=See (Ein Theil davon im Kreise Elbing).
3. Der Radaunensee (Kreis Carthaus).
4. Der Zarnowitzer=See (Kreis Neustadt).

Die Gesammtoberfläche der See'n des Regierungsbezirks Danzig beträgt fast 2½ ☐ Meilen.

IV. Im Regierungsbezirk Marienwerder.

1. Der große Bottinsee (Kreis Deutsch Crone).
2. Der Müskendorfer=See (Kreis Conitz).
3. 4. Der Sorgen= und Scharschauer=See (Kreis Rosenberg).

Die Gesammtoberfläche der See'n im genannten Regierungsbezirk beträgt über 5 ☐Meilen.

B. Die Ostsee.

Andere Namen derselben sind Baltisches und träges Meer. Sie empfängt das Wasser von circa 250 Flüssen. Von SW. nach NO. ist sie gegen 180 Meilen lang und 24 bis 48 Meilen breit. Von Arcona bis Ystadt (in Schweden) beträgt ihre Breite 12 Meilen. Ihr Flächeninhalt umfaßt 7500 ☐Meilen. Die Tiefe derselben ist gering, sie übersteigt selten 20 Klafter (à 6 Fuß). Heftige Stürme von häufigen Windwechseln begleitet und die starken Strömungen in den drei Meerengen, den beiden Belten und im Sunde erschweren die Schifffahrt ungemein. Der Wellenschlag ist geringer, denn in andern Meeren. Ebbe und Fluth sind unbedeutend (2½″). Das Wasser ist kalt und wenig salzig (⅓—2%). Das Putziger Wiek, ein Theil der Ostsee, ist 9 ☐Meilen groß. Die Küste bietet wenige gute Häfen.

C. Strandsee'n.

a Das kurische Haff.

Es hat die Form eines rechtwinkeligen Dreiecks. Sein Quadrat= inhalt beträgt über 29 ☐Meilen. Seine Tiefe ist sehr verschieden, bei Schwarzort 3′, bei Memel 16—20′, sonst selten über 20′, für die Schifffahrt ist dieses Wasserbecken gefahrvoll. Sein Reichthum an Fischen ist sehr groß, besonders an Stinten. In neuester Zeit findet man beim Baggern sehr vielen Bernstein darin. 1865 wurden 53,000 Pfund gewonnen, wofür an Arbeitslohn 72,000 Thlr. Aus= gaben erfordert wurden. Die größte Breite desselben zwischen Agilla und Vogdan (Cranz) beträgt 6, die größte Länge von S. nach N. gerechnet, 13 Meilen. An der Mündung der Ruß ist das Haff 2, bei Schwarzort ¾ Meilen, bei Memel 1200 Fuß breit. In dasselbe fließen: Ruß (900 Fußbreit), die Atmat (1000 Fuß breit), Po= tane, Warus, Skirwith, Gilge, Tawell, Inse und Loye.

b. Das frische Haff.

Es hat seit 3 Jahrhunderten seine Gestalt bedeutend verändert. Sein Inhalt beträgt über 14 ☐Meilen. Die Länge 11, und seine Breite 1/11—2½ Meilen. Viele Untiefen machen die Schifffahrt bei seiner geringen Tiefe (5—16′) gefährlich. Flache oder hohe Ufer begleiten dasselbe an seiner Südseite. Darin münden: Pregel, Frisching, Bahnau mit der Zarst, Passarge, Baude, Elbing, Tiege, Nogat und Elbinger Weichsel.

D. Flußgebiete.

1. **Die Dange.** Sie entspringt im Gouvernement Wilna in Rußland, und tritt zwischen russisch und preußisch Crottingen in den Kreis Memel ein, nimmt südliche Richtung und mündet in's kurische Haff bei Memel. Bis kurz vor Memel ist das Flüßchen wenige Ruthen breit und nur für sehr kleine Kähne passirbar. In der Stadt erweitert es sich zu 60 Ruthen Breite und erlangt eine solche Tiefe, daß große Seeschiffe darin fahren können.

2. **Die Minge** entspringt nahe der Dange in Rußland und mündet nahe der Ruß bei dem Dorfe Minge. Der Raum, der beide Flüsse trennt, hat eine Breite von etwa 2—2½ Meilen.

3. **Die Memel,** in Rußland Niemen genannt, entspringt dort im Gouvernement Minsk zwischen waldigen Höhen. Bei Kowno oder Kauen nimmt sie die Wilia auf. Nach einem Lauf von 100 Meilen ist die Memel 70 Ruthen breit, tritt beim Zollamte Schmalleningken, Kreis Ragnit, in's Preußische und durchfließt die Kreise Ragnit und Tilsit.

Bei dem Eintritt des Stromes in's Preußische erweitert sich das Flußthal bis auf ¼ Meile Breite. Bei Eisseln, Tusseinen und Ragnit erheben sich die den Fluß begrenzenden Thalränder bis zu 100' Höhe und bilden dort liebliche Parthieen. Unterhalb des Rombinus (240') bei Tilsit, werden die Uferränder immer niedriger und der Strom theilt sich bei dem Schanzenkruge (Kr. Tilsit) in zwei Arme. Der nördliche heißt Ruß, der südliche Gilge, beide münden durch viele Arme in's Haff. Die Ruß, der Hauptarm, fließt noch 4 Meilen nordwestlich, 60' breit bis zum Dorfe Ruß, theilt sich hier in drei Arme, von denen der nördlichste der bedeutendste ist und Atmat oder Memel heißt; seine Länge beträgt etwas über eine Meile. Der mittlere heißt Ruß, der südwestliche Skirwith; dieser ist 1 Meile lang, 30 Ruthen breit und sehr tief. In ihm ist der Lachsfang bedeutend. Die Atmat ist schiffbar, die Ruß sehr versandet. Der südliche Mündungsarm der Memel, die Gilge, ist über 4 Meilen lang, theilweise canalisirt und mit der Deime und dem Pregel durch Kanäle verbunden. Sie mündet durch 4 Rinnen in das kurische Haff. Die Tiefe der Memel beträgt durchschnittlich 2¾—3 Fuß; ihr Gefälle beträgt auf 100 Ruthen 1⅛', das der Ruß ½ und das der Gilge fast 1' auf dieselbe Strecke. Das Stromgebiet der Memel umfaßt 2020 ☐Meilen, in Preußen 100 ☐Meilen.

Das Mündungsland der Memel ist ein sehr fruchtbares Delta.

Die Wichtigkeit der Memel ist für Preußen sehr bedeutend. Aus ihrem Nebenflusse Czara (fließt von der linken Seite in die Memel) führt der Oginskische-Kanal in die Jasiolda, diese in den Przypiec, der ein Nebenfluß des Dnieper ist, wodurch also eine Verbindung zwischen Ostsee und schwarzem Meer bewerkstelligt ist. 26 Meilen oberhalb Grodno wird die Memel für Reisekähne, Witinnen und Plitten (Holztraften) schiffbar, die ihre Ladungen, in Holz, Getreide, Leinsaamen, Flachs, Hanf, Talg und Mehl bestehend, nach Preußen bringen. Aus der Memel führt die alte Gilge in die neue, diese in den Seckenburger-Kanal, der in den Nemonien mündet, welcher mit dem großen Friedrichsgraben in Verbindung steht, aus dem man in die Deime gelangt.

· Die Memel trägt keine feste Brücke, bei Tilsit vermittelt eine Schiffbrücke während des offenen Wassers die Verbindung der beiden Ufer. Der Bau einer Eisenbahnbrücke bei Tilsit ist auf über 2 Millionen Thalern veranschlagt.

Von der rechten Seite fällt in Preußen die Jura in die Memel; dieselbe entspringt unweit Tauroggen in Rußland und fließt etwa 2 Meilen durch die Provinz. Links mündet in die Memel:

die Szeszuppe; ihre Quellen liegen in Polen, sie macht von Schirwindt ab auf 5 Meilen die Grenze zwischen Rußland und Preußen.

Die Tilse führt das Sammelwasser zwischen den Gebieten der Inster, Szeszuppe und des Nemonien bei Tilsit in die Memel.

Der Nemonin. Er entsteht aus dem Zusammenfluß der Schaltnik und Schnecke, theilt sich vor seiner Mündung in 2 Arme, von denen der eine dem kleinen Friedrichsgraben, der andere dem Haff zueilt. Seine Länge beträgt über eine Meile, seine Breite 30 Ruthen. Um den Holzhandel Memel's zu schützen und zu fördern, hat man nördlich der Atmat, zur Umgehung der Windenburger Ecke, einen Kanal gegraben. Aus der Memel führt der Tak= graben in die Minge; diesen Fluß verfolgt man 2 Meilen aufwärts bis zum Dorfe Langkuppen. Von hier führt ein ³/₄ Meile langer Kanal in den kleinen Drawöhne=Fluß, welcher 2½ Meile südlich von Memel in's Haff fließt Um auch die noch kurze Haffahrt unnöthig zu machen, will man den Kanal nach dem Küstenflüßchen Schmeltell führen, welches sich bei der Schmelz, einer Vorstadt Memel's, in das Haff ergießt. Der größte Theil dieses Kanals ist im Herbste v. J. eröffnet. Die sämmtlichen Herstellungskosten berechnet man auf 281,000 Thlr. Er heißt: König Wilhelm=Kanal.

4. Der Pregel „trägt das Gepräge großer Ausbildung an sich." Er entsteht aus der Vereinigung der Pissa und Rominte bei Gumbinnen. Die Pissa ist der Abfluß des Wyßtyten=See's, der Goldapp=Fluß ein Sammelwasser mehrerer See'n im Goldapper Kreise. Die Angerapp fließt von S., aus dem Kruglinnen=See bei Lötzen kommend, in die Pissa und schließlich bei Insterburg die Inster in die Vereinigung dieser Flüsse. Von hier ab führt der Fluß den Namen Pregel. Die Angerapp ist trotz ihrer Länge von 16 Meilen nicht schiffbar, weil große Steinblöcke das Flußbett bedecken. Sie steht mit dem Rheiner= oder Talter=Wasser in Verbindung, dieses mittels des Johannisburger= Kanals mit dem Spirding=, Rosche= und Warschau=See. Die reichen Forsten können somit ihren Holzreichthum auf diesem Wege weit verflößen lassen. Der Ausfluß des Warschau=See's ist der Pischfluß im Kreise Johannisburg, der zum Narew, einem Nebenflusse des Bug fließt, der in die Weichsel mündet. In die Angerapp fließt von der rechten Seite der Goldapp=Fluß, welcher eine bedeutende Rolle bei den in jener Gegend ausgeführten Ueberrieselungs= arbeiten spielt

Der Pregel ist 17 Meilen schiffbar und durchfließt auf seinem westlichen Laufe die Kreise Insterburg, Wehlau und Königsberg. Bei Tapian schickt er einen Arm, die 4 Meilen lange Deime nach N., die bald hinter Labiau in's kurische Haff mündet. Conrad von Jungingen ließ 1405 von Tapian bis nach dem Gute Schmerberg die Deime grade graben. Ihre Ufer sind sehr freundlich. Vor dem Kirchdorf Arnau theilt sich der Pregel in 2 Arme, die sich in Königsberg hinter der grünen Brücke wieder vereinigen. Eine Meile hinter Königsberg, bei Holstein, mündet der Pregel in's frische Haff. Seine Tiefe wechselt zwischen 3 und 36 Fuß. Durch in den Strom gebaute Buhnen sucht man sein Bette an den flachen Stellen zu vertiefen. 10 feste Brücken, davon 8 in Königsberg, verbinden seine Ufer.

Der bedeutendste Nebenfluß des Pregels ist die von S. bei Lahna im Kreise Neidenburg entspringende Alle, die den Lansker=See durchfließt und nach reißendem Laufe bei Wehlau in den Pregel mündet. Ihr Gebiet beträgt 128 ☐ Meilen; in ihm liegen die berühmten Schlachtfelder Friedland und Heilsberg.

In die Alle fließen von der rechten Seite:

Der Wadang, er bildet den Wadang=See und mündet unterhalb Allenstein in die Alle.

Die Simser, ein Bach bei Heilsberg in die Alle mündend, hatte früher schön bewaldete Ufer.

Die Guber, aus dem See gl. Namens kommend, der in der Nähe Rheins liegt, fließt Rastenburg vorbei und mündet nach einem Lauf von 8 Meilen bei Schippenbeil in die Alle.

Die Omet, deren Quellen bei Drengfurt liegen; an ihr Gerdauen, fließt oberhalb Allenburg in die Alle.

Die Schweine, sie kommt aus dem Nordenburger See, fließt Nordenburg vorbei und fällt unterhalb Allenburg in die Alle.

Andere Nebenflüsse des Pregels, die hauptsächlich zur Entwässerung der in seiner Nähe liegenden Forsten und Moore dienen, sind: Die Droje bei Schwägerau mündend. Der Auergraben bei Salau. Die Nehne, sie entwässert den Baumwald bei Labiau. Der Landgraben durch Oberteich, Schloß= teich und Katzbach in Königsberg in den Pregel fließend.

5. Der Frisching. Seine Quellen liegen im Frischingswalde (Kreis Pr. Eylau); er mündet bei dem Marktflecken Brandenburg in's frische Haff. In ihm münden von der linken Seite der Beisleidfluß aus der Gegend von Bartenstein, sowie der Pasmar (an ihm liegt Kreuzburg) und der Stradik (daran Zinten).

6. Die Bahnau mit der Jarft. Sie entspringt bei Mehlsack.

7. Die Passarge. Ihre Quellen liegen unweit des Alleanfangs, in der Nähe des Plauziger Sees, im Kreise Allenstein. Ihr Gefälle ist bedeutend; sie mündet zwischen den Dörfern Alt= und Neu=Passarge, 1 Meile unterhalb Braunsberg in das frische Haff.

In die Passarge fließen:

a. Die Amelung aus dem Mispelsee bei Hohenstein.

b. Die kleine Drewenz, sie entspringt im Drewenzsee, Kreis Osterode.

c. Die Walsch aus dem Walsch=See bei Landsberg.

8. **Die Baude** entspringt bei Trunz und fließt bei Frauenburg in's Haff. Ihre Mündung ist mit Moolen eingefaßt.

9. **Der Elbingfluß.** Derselbe ist ein Abfluß des Drausensee's, der aus der Marienburger= und Elbinger=Lache entsteht, mündet 1 Meile unterhalb Elbing in's frische Haff.

10. **Die Stubasche Lache;** war früher ein Arm der Nogat; 1830 wurde ihr Ausfluß abgesperrt und daneben eine Schleuse erbaut, wodurch der Rückstau aus dem Haffe verhindert wurde.

11. **Die Jungfersche Lache;** aus Entwässerungskanälen (des großen Marienburger Werders) gebildet, nimmt die **Fürstenauer Lache** auf, und mündet bei dem Dorfe Jungfer in's frische Haff.

12. **Die Höheische und Werdersche Thiene.** Erstere entspringt bei Stuhm, geht unter der vom Orden angelegten massiven Wasserleitung bei Georgendorf durch, treibt die Wassermühle bei Schropp und tritt dann in's Werder, dem sie oft gefährlich wird. Die **Werdersche Thiene** entspringt im Werder selbst, und vereinigt sich bei dem sogenannten Dreisprung mit der Höheschen=Thiene. Dann trennt sie sich wieder von derselben bei Röd. Der rechts nach dem Drausen=See abgehende Arm heißt die **Schwansdörfer=,** der links in den Elbingfluß fließende Arm, **die enge Thiene.**

13. **Die Fischau** entspringt in dem kleinen Werder, sie nimmt die **Aschbuder Lache** auf, die bei der lahmen Hand, ³⁄₄ Meile oberhalb Elbing, in die Fischau fließt, welche sich nach einem Laufe von ⁵⁄₈ Meilen in die alte Nogat ergießt.

14. **Die kleine und alte Fischau** entspringt im großen Werder, früher floß sie in die Aschbuder Lache, ist aber später der Thiene zugeführt worden.

15. **Die Belau** entspringt bei dem Dorfe Lichtenfelde, durchfließt die Marienburger Niederung am Drausensee, nachdem sie im Werder den Namen **Abdune** angenommen, mit **der Sorge,** welche aus dem See bei Pr. Mark entspringt, in den Drausen.

16. **Die Hummel;** sie entsteht bei Trunz und hat bei einer Länge von 1³⁄₄ Meilen 300' Gefälle. Sie treibt Mühlen= und Eisenwerke.

17. **Die kleine und große Schwente.** Die erste entspringt in dem Montauschen Walde im großen Marienburger Werder, die letztere bei Montau; sie vereinigen sich bei Renteich. Bei Tiegenhof erhält sie den Namen Tiege, die in zwei Armen in's frische Haff fließt. Sie bildet mit der Linau und **Pröznick** einen Haupt=Entwässerungs=Kanal der Niederung.

18. **Die Weichsel** (Plattdeutsch Wießel). Die Länge ihres Laufes beträgt mit allen Krümmungen über 140 Meilen. Der direkte Abstand zwischen Quelle und Mündung wird auf 70 Meilen geschätzt. Sie entspringt in Ober=Schlesien, im österreichischen Fürstenthum Teschen, nordöstlich von dem Jablunka=Passe. Ihre unbedeutenden Quellen entrieseln dem Berge Branita, in der Nähe des Dorfes Wisla. Die einströmenden Gewässer stauen den Fluß so an, daß er bei Warschau schon 1000' Breite hat. Sein Gefälle beträgt für den gesammten Lauf 1750'. Bei der Schneeschmelze schwillt der Strom gewaltig an, doch wird

im Sommer die Schifffahrt durch den niedrigen Wasserstand behindert. Die Tiefe der Weichsel ist einst bedeutender gewesen, was die Geschichte mancher daran liegender Städte beweist.

Die Marienburger und Elbinger suchten schon im 16. Jahrhundert (1552) Danzig's Handel zu schädigen, indem sie an der Montauer=Spitze durch den sogenannten Mägdegraben die Hauptmasse des Wassers in die Nogat zu führen strebten und dadurch wirklich die Wassertiefe des westlichen Armes bedeutend verringerten. Spätere Versuche durch versenkte Fahrzeuge, die mit Steinen beladen waren, bei Käsmark (Danziger Haupt) die untere Weichsel ganz zu versanden, scheiterten, indem der Strom sich von den Senkstücken selbst befreite.

1611 wurde das Danziger Haupt, ein Bohlenwerk, angelegt, um den Nachtheil des Mägdegrabens für die Danziger zu beseitigen. Das Strom= gebiet der Weichsel beträgt 3540 ☐ Meilen und ist ein Theil der sarmatischen Ebene. Anfangs im engen Gebirgsthal fließend, verläßt sie bei Hermanitz dasselbe und durcheilt dann im österreichischen Schlesien eine Gegend von Sümpfen und See'n. Im preußischen Schlesien liegt daran das Städtchen Pleß. In Polen fließen rechts in die Weichsel: Dunajec, San, Wieprz und Bug, in den der Narew fließt, in diesen fließt der Pischfluß aus dem Warschau= See kommend. Links in die Weichsel fließen: die Pilica und die Bzura. Der Bug ist der bedeutendste Nebenfluß der Weichsel; er kommt aus Galizien und hat eine Länge von 100 Meilen. Auf der Grenze zwischen Preußen und Polen fließt die Dremenz bei Leibitsch in die Weichsel. Nördlich davon liegt Thorn. Von der linken Seite fällt die Brahe in die Weichsel, welche durch den Bromberger Kanal mit der Netze in Verbindung steht. Nördlich von der Brahe eilt das Schwarzwasser der Weichsel zu; dieses Flüßchen kommt aus dem Wdzydze=See, und fällt bei Schwetz in dieselbe. Auf seinem Lauf treibt es verschiedene Mühlen= und Hammerwerke, hat aber namentlich dadurch in neuerer Zeit eine besondere Bedeutung erhalten, daß dasselbe zur Ueberrieselung ganz unfruchtbarer Sandstrecken (Tuchler Haide) benutzt ist. Die Ferse fällt nördlich vom Schwarzwasser in die Weichsel, nimmt aber vor ihrer Mündung aus dem Marien=See die Fitze auf. An ihr liegen Schöneck und Pr. Stargardt. Die Ossa mündet nördlich der Dremenz in die Weichsel. Die Liebe fließt nach kurzem Lauf unweit Marienwerder in die Weichsel. Am Danziger Haupt theilt sich die Weichsel. Der rechte Arm ist die Nogat, einst ein selbstständiger Fluß, an dem die berühmte Marienburg liegt. Sie fließt in's frische Haff. Durch die 1834—59 ausgeführten Stromregulirungsarbeiten ist bewirkt, daß der Nogat 1, der Weichsel 2 Theile des vorhandenen Wassers zugeführt werden. Das erreichte man dadurch, daß man die Nogatmündung sperrte und einen Kanal zwischen Weichsel und Nogat von 580 Ruthen Länge und 78½—86½ Ruthen Breite anlegte. Die Kosten der Regulirungsarbeiten betrugen gegen 4,000,000 Thaler. 1495 wurde der Kraffohl=Kanal zwischen Nogat und Elbingfluß (1 Meile von ihrer Mündung) angelegt. Die eigentliche Weichsel strömt Dirschau vorbei und theilt sich am Danziger Haupt, bei der rothen Bude, in 2 Arme; der östliche Arm derselben, die Elbinger Weichsel, eilt nach dem frischen Haffe und ist 3 Meilen lang. In Folge des Dammdurchbruchs bei Neufähr (1840) versandete sie so, daß sie bei gewöhnlichem Wasserstande fast auf Meilen=Länge trocken lag. Darum führte man 1814—49 einen neuen, 50 Ruthen langen Kanal, den Weichsel=Haff=Kanal von Rothebude theilweise dem Lauf der Linau folgend, bei Stobbendorf in's Haff. Zwei riesige Schleusen=werke, bei Rothebude und Tiegenhof, sind zu diesem Zwecke erbaut, sie schützen den Kanal. Die Baukosten derselben betragen 291,000 Thlr.

Der westliche Arm, die Danziger Weichsel, kommt auf ihrem Laufe der See sehr nahe, und durchbrach bei dem Eisgange 1840 am 1. Februar die Düne bei Neufähr. Dadurch ist der Lauf des Flusses um fast 2 Meilen ver=kürzt und hat ein Gefälle von 2' 3" erhalten, das bei Hochwasser auf 8' anwächst. Für größere Seeschiffe ist diese Mündung nicht passirbar. Dadurch ist aber der Hafen Danzigs gebessert, der zur Vergrößerung den Hafenkanal bei Neufahrwasser, die Mottlau in der Stadt und die alte Weichsel erhalten hat, und dadurch zu einem der besten Flußhäfen geworden ist. Kurz vor der Mündung der Danziger Weichsel ist aus derselben der Hafenkanal zur linken Seite des Flusses hinlaufend, in die See geführt, der durch einen gewaltigen Moolenbau gegen das Versanden geschützt ist. Die Mündung der Weichsel hat man überdies noch mit einer Schleuse verschlossen.

Die Mottlau entspringt in dem Liebschauer=See bei Dirschau, nimmt die Kladau, Belau und alte Radaune auf, fließt durch Danzig, wo sich die neue Radaune mit ihr verbindet und ergießt sich unterhalb der Stadt in die Weichsel. Innerhalb der Stadt bildet sie 2 Arme, die bald darauf in einander fließen.

Die Radaune kommt aus dem Ostritzer=See, Kreis Carthaus, fließt mit vielen Krümmungen in einem oft von nicht unbedeutenden Höhen umschlossenen Thale bis zum Dorfe Zuckau, woselbst sie das Stolpflüßchen aufnimmt, geht dann, nachdem sie verschiedene Mühlen= und Hammerwerke in Bewegung gesetzt hat, weiter bis Kahlbude, wo sie gleichfalls bedeutende Hammer= und Walz=werke treibt und von der rechten Seite den Ragnitzfluß aufnimmt, und dem=nächst ihren Lauf von Gischkau nach Praust fortsetzt. Hier theilt sie sich in die alte und neue Radaune. Die erstere hat den frühern natürlichen Lauf bei=behalten, zieht sich St. Albrecht vorbei, berührt die Feldmark von Gutherberge, Ohra, Nobel und mündet bei Kampitz in die Mottlau.

Die neue Radaune ist ein alter, wol schon von dem deutschen Orden angelegter Kanal, welcher von einer Seite durch die sich von Danzig hinziehende Hügelkette, von der andern durch einen Damm begrenzt, in einer Länge von 1½ Meilen das Wasser nach Danzig führt, durch welches nicht nur die meisten Brunnen in der Stadt gespeist, sondern auch mehrere Fabrik= und Mühlenwerke getrieben werden.

Die Kladau entströmt einem See bei Glasberg (Kreis Carthaus), treibt Mühlen und Eisenhämmer, tritt in's Werder und wird in einem Kanale bis Herrn=Grebbin geführt, woselbst sie zuerst mittels einer Riedwand über die Mottlau fortgeleitet wird und endlich in dieselbe mündet.

Die **Belau** mündet bei Herrn-Grebbin in die Mottlau.

Die Küstenflüsse **Bielau**, **Sagortz** und **Rheda** sind Flüsse des Neustädter Kreises und fließen in das Putziger-Wiek, Czernau und Plasnitz in die Ostsee.

Das Flußgebiet der Oder ist nur im südwestlichen Theile unserer Provinz vertreten und zwar nur durch einige Zuflüsse derselben.

Die lange **Warthe**, aus Polen kommend, zieht sich in der Nähe der Grenze hin, indem sie das sogenannte Netzbruch, das auf Befehl Friedrichs des Großen urbar gemacht wurde, durchfließt; in der Neumark, unweit Landsberg, fließt die Netze in die Warthe.

Diese nun nimmt·folgende Flüßchen auf:

1. Die **Lobsonka**; sie entsteht in der Nähe von Pr. Friedland, fließt nach Süden und mündet bei Wirsitz in die Netze.

2. Die **Küddow**, 10 Meilen lang, entspringt bei Neu Stettin in Pommern. Diese nimmt viele Bäche und Flüßchen auf. Darunter:

Die **Zahne**,

Die **Dobrinka**, ein Abfluß der See'n bei Pr. Friedland, und

Der **Pitu** mit dem **Döberitz**

die nennenswerthesten sind.

Die genannten Flüßchen sind die Entwässerungs-Kanäle des südwestlichen Pommerellens.

E. Kanäle der Provinz.

1. Die **neue Gilge**, zwischen Stöpen und Tawellningken, gegraben 1613—16. 1½ Meilen lang, 60' breit und 12' tief. Kosten über 44,000 Thlr. Die alte sehr gekrümmte Gilge wurde zugedämmt; die neue wird jetzt als Memelarm betrachtet.

2. Der **große Friedrichsgraben**; unter Friedrich Wilhelm dem großen Churfürsten projektirt, unter Friedrich III. vollendet. Hergestellt wurde derselbe auf Kosten der Gräfin Truchseß v. Waldburg (1689—97). Der Kanal zerfällt in den kleinen und großen Friedrichsgraben. Der kleine beginnt bei Großkriszahnen, Kreis Niederung, und läuft von N. nach S. 1¼ Meilen lang bis Petriken, wo er in den Nemonin fällt. Jetzt ist derselbe 70' breit und 6' tief, mit bedeutendem Gefälle. Die Littauer nennen ihn deshalb „Greitufchke, den Schnellen." An seinen Ufern entstand unter Friedrich Wilhelm I. die Elbingsche Kolonie. Der große Friedrichsgraben führt aus dem Nemonin (⅓ Meile vor seiner Mündung) in die Deime bei Labiau. Er läuft über Juwendt und Agilla fast parallel mit dem Haffe. Gegen die Versandung durch das Haff ist er durch einen Damm geschützt, der zu verschiedenen Zeiten entstanden, erhöht und verstärkt worden ist. 1709 kaufte Friedrich I. den Kanal, auf dem die Erbauerin einen Zoll erheben durfte, für 60,000 Thlr. derselben ab. Da diese Kanäle aber im Laufe der Jahre so versandeten und verwuchsen, daß sie unfahrbar wurden, so durchstach man 1774 einen Damm bei Perwalischken und bewirkte die Theilung der Memel in Ruß und Gilge bei dem Schanzentruge, so erhielt die Gilge mehr Wasser.

1778 grub man den Gilge= oder Jägerischker=Kanal von dem Dorfe Jägerischken bis zur alten Gilge 250° lang.

Der Timber=Kanal führt mitten durch das 2 ☐ Meilen große Moosbruch und dient zu dessen Entwässerung. Um andere Forstreviere zu entwässern, hat man den Mablaukne=Kanal gegraben, der Laukne mit Schnecke verbindet.

3. Der Seckenburger=Kanal. Er wurde in einer Länge von 1⅓ Meilen und einer Breite von 5—6° 1833 und 34 gegraben. Er beginnt bei Tawellningken, geht Szaugsten vorbei, durchschneidet die Nemoninsche Forst und mündet in den großen Friedrichsgraben. Ihn befahren jetzt die Fahrzeuge mit Vermeidung des kleinen Friedrichsgrabens. Er entwässert besonders die Seckenburger Niederung.

Die Kanalverbindung im östlichen und südlichen Theile der Provinz, zur Herstellung einer Verbindung zwischen den masurschen See'n in den Kreisen Johannisburg, Sensburg, Lötzen, Angerburg und Lyck. Dadurch werden der Mauer= und Löwentin=See, das Rheinische= oder Talter=Wasser mit dem Rosche= oder Warschau=See verbunden.

Die Herstellung dieser Kanäle wurde vom Orden begonnen, von Friedrich Wilhelm, dem großen Churfürsten und Friedrich I. fortgesetzt. Friedrich der Große ließ die liegengebliebenen Kanalarbeiten wieder aufnehmen und weiter fortführen, doch versumpften und verwuchsen dieselben allmählich. 1845 begann man damit dieselben auszubaggern. Die Verbindung der See'n hat man durch kleine Kanäle bewirkt, sie haben 2 Meilen Ausdehnung, helfen aber einen Wasserweg von 12 Meilen herstellen.

Die kleinen dahin gehörenden Kanäle sind folgende:

1. Der Lötzener=Kanal zwischen dem südlichen Theile des Mauer= und dem Löwentin=See.

2. Der Schimonker=Kanal zwischen dem Gurkel (dicht am Löwentin=See) und dem großen Schimonken=See.

3. Der Mniodunsker=Kanal zwischen dem großen Schimonken= und dem Kott=See.

4. Der Grunwalder=Kanal zwischen dem Kott= und dem Taltowisker=See.

5. Der Talter=Kanal zwischen dem Taltowisker=See und den Talter=Gewässern.

6. Der neue Johannisburger=Kanal, erbaut 1845 und 46. Verbindet den Spirding= mit dem Warschau=See, aus dem der Pischfluß oder Pissek zum Narew fließt. Außerdem hat dieser Kanal bei der Entwässerung der Wiesen eine hohe Bedeutung.

7. Der alte Johannisburger=Kanal. 1764—66 gegraben, um den Holzreichthum jener Gegenden nach anderen daran armen Theilen der Provinz zu schaffen. Seinen Anfang nimmt er am Nieder=See, 2½ Meilen von Johannisburg, aus diesem führt ein anderer Kanal mit Benutzung einiger kleinen See'n nach dem Spirding= und von dort nach dem Mauersee.

Zwei Dampfböte, die meistens als Schleppschiffe benutzt werden, unterhalten nun die Verbindung zwischen Angerburg, Lötzen, Rhein, Nikolaiken und Johannisburg.

8. **Der Elbing-Oberländer-Kanal** stellt die Verbindung des Drausen mit einer südlich davon gelegenen See'ngruppe des schönen Oberlandes her. Kein anderes Wasserbauwerk dieser Art ist in solcher Großartigkeit vorhanden. Die See'n, welche mit dem Drausen verbunden werden sollten, liegen auf 4 verschiedenen Terrassen des großen östlichen Höhenzuges. Ihrer Lage nach, vom Drausen aus gerechnet, gruppiren sie sich folgendermaßen: 2 Meilen vom Drausen, 331' über dem Spiegel desselben, liegen Pinnau- und Samrodt-See, jeder ³/₄ Meilen lang. Ihr Wasser ergossen sie bei Zölp in den schönen, 1¹/₂ Meilen langen Röthloff-See. Dieser steht durch das Dußfließ mit dem östlich davon liegenden Bärting-See in Verbindung; aus diesem führt das Prinzfließ in den südwestlich daran liegenden Eibingsee und Teich von Liebemühl, die ihren Abfluß nach dem südlich davon liegenden Drewenzsee haben. Der Liebefluß ist 1¹/₂ Meilen lang; westlich von Liebemühl liegt der Geserich-See, der 3¹/₂ Meilen lang ist und ⁷/₈ ☐ Meilen Inhalt hat. Aus dem Nordende des Geserich führt das Weinsdorfer Fließ in den nördlich davon liegenden Ewing-See, an dem Saalfeld liegt. Sollte der Kanal den Erwartungen entsprechen und stets die nöthige Wassermenge haben, so mußten Pinnau- und Samrodt-See um 13 Fuß gesenkt, d. h. abgezapft werden, damit ihr Spiegel um soviel tiefer zu liegen kam, damit erreichten sie die Höhe des Röthlaff-, Bärting- und Eiling-See's. Eine weitere Senkung dieser See'n um 4' wurde nöthig, damit gleiche Höhe mit dem Spiegel des Geserich-See's erreicht wurde. Durch diese zweifache Senkung hat der Oberländische Kanal eine Eigenschaft, die ihn über alle Kanäle stellt. Er hat eine Längenausdehnung in der höchsten Haltung von 16¹/₂ Meilen ohne Schleuse, ist also eine Wasserstraße in einem Niveau, und liegt 317' über dem Drausen.

Diese 317' steigen auf 1¹/₂ Meilen an. Vom Drausen führt der Kleppfluß und Kanal fast ¹/₂ Meile bis zur 1. Schleuse, dann folgen noch 4, so daß diese 5 Schleusen die Fahrzeuge 44 Fuß hoch heben. Eine neue geneigte Ebene soll die Schleusen unnöthig machen. Nun ist man 1 Meile vom Drausen und hier beginnt eine starke Steigung von 273 Fuß. Zur Ersteigung dieser Höhe boten sich 4 Stellen, die zur Anlage geneigter Ebenen zweckmäßig waren. Die den Schleusen zunächst liegende ist die Hirschfelder mit 70' Steigung, die folgende ist die bei Schönfelde mit 78' Höhe, dann folgen die bei Kanten und Buchwalde, die letztere ist die am schönsten gelegene. Am Fuß der geneigten Ebene werden die Schiffe auf einen unter Wasser stehenden, eisernen, 8rädrigen Wagen gehoben, der mittels eines Drahtseiles in die Höhe gezogen wird; dieses Seil wickelt sich auf eine große Trommel von 12 Fuß Durchmesser, welche durch ein System von Rädern, die von einem mächtigen, oberschlächtigen Wasserrade bewegt werden, in Thätigkeit gesetzt wird. Auf dem Gipfel der geneigten Ebene angekommen, macht der Wagen eine entgegengesetzte Neigung und läuft so tief nieder in den obern Theil des Kanals, daß das Schiff vom Wasser gehoben, seinen nassen Weg wiederum fortsetzen kann. Der Kanal verbindet auf diese Weise Elbing, Liebemühl, Osterode, Saalfeld und Deutsch-Eylau. Der Bodenwerth jener Gegend ist in Folge des Kanalbaues erheblich gestiegen. Im Jahre 1865 passirten den Kanal 1674 Fahrzeuge und 359 Flöße. 103 Kanalböte befahren ihn, und 5 sind noch im Bau begriffen. In den Jahren 1844—1858 ist der Bau ausgeführt, die Herstellungskosten betrugen fast 1½ Millionen Thaler.

Die Entwässerungs- und Berieselungs-Kanäle im Kreise Allenstein. Ihr Zweck ist Brücher zu entwässern und Sandflächen zu berieseln. Der 1844 eröffnete heißt Elisabeth-Kanal.

Der Baude-Kanal bei Frauenburg. Das Wasser der Baude wird durch diesen Kanal um den Fuß des Domberges geleitet, um in der Stadt ein großes Mühlenwerk zu treiben und dann erst dem Haff zuzueilen.

Der Kraffohl-Kanal, verbindet den Elbing mit der Nogat mit Hilfe von 3 Schiffschleusen. Ihn passiren die Fahrzeuge, welche auf ihrem Wege von Königsberg nach Danzig die See meiden müssen.

Der Hafen-Kanal bei Danzig.

Der Radaune-Kanal, 1½ Meilen lang.

Der Vorfluths-Kanal bei Marienburg 1794 erbaut, verbindet Liebe und alte Nogat.

Der Bromberger-Kanal gehört allerdings nur indirekt der Provinz Preußen an, doch ist er für sie von großer Wichtigkeit. Auf Friedrichs II. Geheiß wurde derselbe unter Aufsicht des Geh. Finanzraths von Brenkenhof 1773—74 in 15 Monaten durch 6000 Arbeiter hergestellt. Die Baukosten betrugen 684,471 Thlr.

Aus der Brahe führt dieser Kanal in die Netze. Bei einer Länge von circa 3½ Meilen, hat er 6° Ruthen Breite und 5′ Tiefe.

Bei Bromberg verläßt er die Brahe und läuft dann in gerader Linie durch ein sumpfiges Wiesengelände nach Nakel, wo er mit der Netze in Verbindung steht.

Mehrere Entwässerungsgräben und Bäche, sowie ein aus der Netze abgeleiteter Kanal speisen ihn. Durch 10 Schleusen, wovon 2 doppelt, 8 aber einfach sind, wird den Fahrzeugen die Fahrt ermöglicht. Die Schleusen waren nothwendig, weil der Wasserspiegel der Netze 65′ höher als der der Weichsel liegt. Die Fahrzeuge, welche aus der Brahe kommen, steigen bis zur letzten Schleuse 78′ hoch, dann wieder bis zur Netze 13′ hinab.

Da die aus Holz hingestellten Schleusen sich nicht bewährten, so ließ Friedrich Wilhelm II. 1792 die 6 ersten massiv herstellen, den Kanal gleichzeitig theilweise räumen und erweitern, wodurch wieder 487,114 Thlr. Kosten verursacht wurden.

Eine Schleuse fiel dabei als unnöthig weg. 1799 endlich wurde auch die 9. Schleuse massiv aufgeführt und mit einer eisernen Brücke versehen. Diesen Wasserweg können Fahrzeuge bis zu 1500 Ctr. Ladung passiren. Große Holzmassen, die aus Polen kommen, werden auf ihm nach Berlin dirigirt.

Wälder der Provinz.

Die Provinz zählt auf einer Fläche von über 25 Millionen Morgen gegen 5 Millionen Morgen Wald, wovon fast 3 Millionen Morgen Staatseigenthum sind. Diese sind in 81 Oberförstereien eingetheilt. Die mit Kanälen verbundenen See'n, sowie Weichsel, Pregel und Memel sammt deren Nebenflüssen sind die Holzhandels= straßen der Provinz. Die größeren Forsten, meistens Haiden ge= nannt, sind:

Die Capornsche Haide unweit Königsberg und Fischhausen, die Johannis= burger Haide, auch Dilniß genannt, 13 Meilen lang und 5 bis 6 Meilen breit. Die Tuchelsche Haide über 9 Meilen lang. Der Baumwald zwischen Labiau und Mehlaufen. Die Romintensche Haide bei Goldapp. Der Borkensche Forst bei Angerburg. Der Napiwodsche Forst zwischen Allenstein und Neidenburg.

Die Holzarten, welche in der Provinz vorkommen, sind: Tanne (Kiefer), Fichte, Eiche, Rothbuche, Hainbuche, Birke, Espe, Rotherle, Esche, Spitz= und Bergahorn, Linde, Sahlweide, Weißerle und Lärche. Die Rothbuche findet sich auf circa 9000 Morgen verbreitet, vor= herrschend auf dem linken Weichselufer. Ungefähr 4 Meilen westlich von Königsberg erreicht dieser Baum seine östlichste Grenze. Die Tanne ist im Osten und Norden, die Fichte besonders im Süden, Westen und Nordosten der Provinz verbreitet.

Die zum Theil prachtvollen Bestände in den großen Forsten unserer Provinz haben theils durch Unachtsamkeit, theils aus Bös= willigkeit bedeutenden Schaden durch große Brände gehabt. Die Staatsforsten werden in regelmäßigen Zeiträumen von 80, 100 oder 120 Jahren bestehend, bewirthschaftet. Eine furchtbare Verheerung, deren Spuren noch lange bleiben werden, suchte die Forsten 1853 heim; der Schaden war noch bedeutender, denn der durch den furcht= baren Orkan im Jahre 1818 bewirkte. Im August 1853 kamen aus den polnischen Grenzforsten eine Unzahl Falter der Nonnenraupe (Ph. Bombyx Monacha) über die Grenze. Mit dem Vernichten ihrer Eier, wurden viele Hände beschäftigt, deren Thun aber nicht verhindern konnte, daß dennoch eine riesige Zahl von Schmetterlingen entstand. Von NO. nach SW. verbreitete sich das gefräßige Insekt über die ganze Provinz, nur wenige Forsten gänzlich verschonend oder doch nur wenig beschädigend. 1854 und 1855 war die Vermehrung der Thiere entsetzlich groß. 1856 verloren sie sich bedeutend, indem es ihnen an Nahrung fehlte, und sie außerdem auch noch durch Mengen von Ichneumonen und Tachinen vertilgt wurden. Unruhig krochen die Raupen nach den Spitzen der Bäume, um dort in Klumpen zusammengekauert, zu verderben. Das 1857 durch die Nonnenraupe beendete Werk der Zerstörung der Tannen wurde nun von dem massenhaft auftretenden Borkenkäfer (Bostr. typographus) in den Jahren 59 und 60 fortgesetzt. Auch diese Plage ist jetzt beseitigt. Von 391,808 Morgen Wald der 13 Oberförstereien des Reg.=Beg. Königsberg sind die Tannen auf circa 150,000 Morgen getödtet. Ueber 72,000 derselben waren einzig und allein mit Tannen bedeckt, die anderen 76,000 hatten gemischte Bestände, auf denen die anderen Holzarten erhalten wurden. Im Regierungs=Bezirk Gumbinnen sind über 268,000 Morgen mehr oder minder verheert. Die in Ost= preußen in Folge dieser Waldplage eingeschlagenen Hölzer belaufen sich auf über 2 Millionen Klafter, die einen Werth von über $2\frac{2}{3}$ Millionen Thaler haben. Massen dieses Holzes sind als Eisenbahnschwellen nach Italien, ja nach Spanien und Afrika gegangen. Die so heim= gesuchten Privatwälder sind meistens in Feld und Wiese umgewandelt, während die Königlichen Forsten durch Nachzucht anderer Bäume wieder neue Bestände erhalten haben. Dieses geschieht entweder durch Anpflanzen von Stämmchen oder durch Anlegen von Saatgärten.

Für den Jäger bieten die Forsten der Provinz noch immer er= giebige Jagdfelder. Das sonst schon seltene Elchwild wird in dem Ibenhorster Forst, im Reg.=Bez. Gumbinnen, gepflegt. Das Roth= wild findet sich in einzelnen Gegenden Ost= und Westpreußens. Dammwild wurde von einigen Besitzern großer Güter in Wild= gärten gepflegt, hat sich aber nun schon in einzelnen Forsten auch zerstreut, wie in den Revieren Borken und Rothebude des Reg.=Bez. Gumbinnen. Das Reh ist in der ganzen Provinz zu finden. Zahl= reich war es auch auf der kurischen Nehrung. Schneereiche Winter richteten viele Rehe zu Grunde, wie das beispielsweise auf der kurischen Nehrung vor 4 Jahren geschah, woselbst über 70 Thiere im Frühlinge verhungert gefunden wurden.

Schwarzwild findet sich noch hier und da, in der Nähe Königs= berg's im Frischingswalde und in der Gauleder Forst.

Der Hase ist recht sehr verbreitet; in großen Forsten ist auch der veränderliche nicht selten.

Der Dachs ist noch in jedem größeren Walde zu finden.

Von Flugwild sind: Auerhuhn und Birkhuhn, Schnepfen, Enten, Gänse und Schwäne zu nennen.

Die vierfüßigen Raubthiere sind vertreten durch: Fuchs, Fischotter, Stein= und Baummarder, Iltis und Wiesel. Wölfe kommen als Gäste aus Polen in jedem Jahre über die Grenze. Aus genanntem Nachbarlande kam 1862 auch ein Luchs nach der Naffower Forst (Reg.=Bez. Gumbinnen), der auch dort seinen schnellen Tod fand.

Von den Raubvögeln hat Preußen die im nördlichen Deutsch= land heimischen. Zu den größeren Sumpfvögeln sind zu zählen: Reiher, Rohrdommel, Kranich, weißer und schwarzer Storch.

I. Oſtpreußen.

A. Regierungs=Bezirk Königsberg

hat auf 414 ☐ Meilen 1,024,591 Bewohner, darunter: 801,824 Evangl., 209,081 röm. Kathol., 83 griech. Kathol., 231 Mennon., 4298 Diſſi= denten, 8988 Juden, 86 and. Religionen, 48 Städte, 13 Flecken und 2450 Dörfer.

Auf 1 ☐ Meile kommen durchſchnittlich 2672 Bewohner. Der Regierungs=Bezirk hat faſt 96 Meilen Staats= und über 95 Meilen Kreis=Chauſſeen.

In demſelben giebt es 475 Kirchen und Gotteshäuſer, 1583 Schul= häuſer, 1607 öffentliche und gegen 125,000 andere Gebäude. Der Regierungs=Bezirk hat 7 Gymnaſien, 1 Univerſität und 2 Akademien. Es zerfällt in 20 Kreiſe.

I. **Kreis Allenſtein** mit 23 ☐ Meilen und 50,251 Bewohnern (21 Kirchſpiele und 76 Schulen); darin ſchöne Wälder, ſchwerer Thonboden und fliegender Sand; bedeutende Meliorationen. Die Flüſſe, welche den Kreis durchſtrömen, haben ein ſtarkes Gefälle. Ueber 2/3 der Bewohner ſprechen polniſch. Darin:

1. **Allenſtein** an der Alle mit 4793 Einwohnern.

2. **Wartenburg** am Piſchfluß mit 3291 Einwohnern. Große Straf= anſtalt daſelbſt.

II. **Kreis Braunsberg** mit 18 ☐ Meilen, und 50,678 Bewohnern. Im Ganzen fruchtbar. Viele Wälder mit Nadelholz. 22 Kirchſpiele mit 72 Schulen. Darin:

1. **Braunsberg** an der Paſſarge und Oſtbahn mit 9955 Einwohnern. 1255 vom Biſchof Bruno von Olmütz, der den König Ottokar auf ſeiner Kreuz= fahrt begleitete, gegründet. Einſt Hanſaſtadt. Katholiſche hohe Lehranſtalt, Lyceum Hoſianum, nach dem gelehrten Cardinal=Erzbiſchof von Ermland Hoſius benannt. Einſt berühmtes Bier „Füllwurſt". Seit 1853 dort ein Flachsmarkt, der an Bedeutung zunimmt. 3 katholiſche, 1 evangeliſche Kirche, 1 Gymnaſium, 1 Schullehrer=Seminar und 1 Kloſter.

2. **Frauenburg** mit 2440 Einwohnern, an der Baude, dicht am friſchen Haff. 1297 erbaut. Der Domberg trägt den ſchönen Dom und den biſchöflichen Palaſt. Daſelbſt ein Domkapitel aus 2 Prälaten und 8 Domherren beſtehend.

Capernicus (1473—1543) lebte einst hier. Kleiner Hafen am Ausfluß der Baude. 1 hübsche evangelische Kirche, Gnadengeschenk Friedrich Wilhelms IV.

3. **Wormdit** mit 4785 Einwohnern, an der Drewenz, 1316 erbaut. Darin 2 Kirchen, 1 Kloster, 1 Schloß.

4. **Mehlsack** an der Walsch mit 3610 Einwohnern. 1326 erbaut, 3 Kirchen, 1 Schloß. In diesem Kreise fleißiger Flachsbau.

III. **Kreis Fischhausen** mit 32 ☐ Meilen und 44,751 Bewohnern. ⅔ des dazu gehörenden Landes sind Aecker und Wiesen, ⅓ Wald und Weide. Kapurnen (heidnische Begräbnißstätten). 16 Kirchspiele und 75 Schulen. Darin:

1. **Fischhausen** am frischen Haffe mit 2336 Einwohnern. Erbaut 1264. Vom alten Schlosse früher Schönwiet, dann Bischoveshusen, Bischhausen, Fischhausen geheißen, als Sitz der samländischen Bischöfe. Bahnhof der Südbahn. Westlich von Fischhausen liegt Lochstädt. Von dem einst herrlichen Ordenshause stehen eigentlich nur noch Ruinen. Lochstädt war früher Sitz des Bernsteinmeisters, des Bernsteinverwalters, des Bernsteinregales. Zwischen Fischhausen und Juditten, Dorf bei Königsberg, zieht sich die kapornsche Haide hin, darin die Vierbrüdersäule. Martin Gollin. Westlich von Fischhausen, Tenkitten mit den geringen Resten der St. Adalberts-Kapelle, die bei einem gewaltigen Sturme 1663 einstürzte. 1835 ist dort ein eisernes Kreuz mit der Inschrift: „Bischof St. Adalbert starb hier den Märtyrer-Tod 997" errichtet. In der Geschichte ist berühmt das Kirchdorf Kumehnen in der Nähe des Galtgarbens. Auf dem Galtgarben und in seiner Umgebung Hirschkäfer. Thierenberg, Germau, in der Nähe des Hausen. St. Lorenz, Pobethen, mit den Trümmern einer Burg aus dem Bauernaufruhr 1525. Wargen in reizender Lage. Juditten, früher Wallfahrtsort, Gottscheds Geburtsort; Schloß Holstein an der Pregelmündung. Bei Tranzau die Steinsäule zum Andenken an die Schlacht bei Rudau 1370. Neu hergestellt 1835. Die Küste der Ostsee bei Sorgenau, Palmniken, Kraxtepellen, Gr. Hubnicken und Dirschkeim reich an Bernstein. Sudauischer Winkel an der nordöstlichen Küste Samlands. Hier wurden 1283 mehr denn 3000 Sudauer vom Orden angesiedelt.

2. **Pillau** am Gatt oder Tief mit 2766 Einwohnern. Gustav Adolph legte die Festung 1626 an. Hafen von Königsberg Leuchtthurm 100' hoch; in Pillau eine Schifffahrtsschule. Nahe dabei die schöne Plantage mit vielen Nachtigallen. Früher bedeutender Störfang. Ende der preußischen Südbahn. Tapfere Vertheidigung gegen die Franzosen durch Obrist Herrmann.

IV. **Kreis Friedland** 15 ☐ Meilen mit 43,036 Bewohnern. Dieselben beschäftigen sich namentlich mit Schaf= und Pferdezucht. Der Kreis enthält nur Privatwälder. 18 Kirchspiele und 77 Schulen. Darin:

1. **Friedland** an der Alle mit 2924 Einwohnern. Erbaut 1312. Schlacht am 14. Juni 1807.

2. **Bartenstein** an der Alle mit 5066 Einwohnern. 1326 erbaut. Lebhafter Ort. Russisch-Preußisches Bündniß 1807. Bahnhof der Südbahn.

3. **Schippenbeil** (früher Scheppenbeil, d. i. Sitz der Richter). Im 13. Jahrhundert erbaut. 3108 Einwohner. Die Guber fließt da in die Alle.

4. **Domnau** mit 2040 Einwohnern. Um 1400 erbaut. In der Nähe ein Schloß.

V. Kreis Gerdauen 15½ ☐ Meilen mit 37,596 Bewohnern. Der westliche Theil ist sehr fruchtbar, der östliche ist hügelig und weniger fruchtbar. Mit einigen Wäldern. 12 Kirchspiele und 62 Schulen. Darin:

1. **Gerdauen** an der Omet, seit 1398 Stadt mit 2811 Einwohnern. Bei der Stadt Altschloß und Neuschloß Gerdauen. Hippel geb. 1741. Johanniter-Krankenhaus.

2. **Nordenburg** mit 2688 Einwohnern.

VI. Kreis Heiligenbeil 20 ☐ Meilen mit 44,538 Einwohnern. Lehm- und Sandboden gemischt. 17 Kirchspiele und 71 Schulen. Darin:

1. **Heiligenbeil** an der Jarft und Ostbahn mit 3216 Einwohnern. Heiligthum der alten Preußen. Götze Curcho. Berühmte Drechslerarbeiten. In der Nähe der Marktflecken Bladiau- und Dorf Rosenberg, in dessen Nähe Gruben weißen Sandes, der meistens nach Königsberg verkauft wird.

2. **Zinten** mit 3336 Einwohnern am Stradick. 1312 erbaut. Volksmund: „Nach Zinten in's Ausland reisen." An der Mündung des Frisching Brandenburg, Marktflecken. In der Nähe die Ruinen des alten Ordensschlosses 1267 erbaut und den Markgrafen Otto und Johann von Brandenburg zu Ehren so benannt. Kirchdorf Balga auf einer Haffhalbinsel mit den Ruinen eines alten Schlosses. Bei den alten Preußen hieß sie Honeda. In der Nähe Brandenburgs liegt Pocarben, Gefechte 1260 und 61.

VII. Kreis Heilsberg mit 20 ☐ Meilen und 52,653 Bewohnern. Darin viele See'n. Das Land ist bergig und romantisch. Bedeutender Flachsbau und Spinnereien. 28 Kirchspiele und 92 Schulen. Darin:

1. **Heilsberg** an der Alle mit 5813 Einwohnern. Erbaut im 14. Jahrhundert. Schloß des Fürstbischofs zu Ermland, jetzt eine Erziehungsanstalt darin. Zweit größte Mühle in der Provinz. Stärkefabrik. Ehemals schönes Simserthal. Rathhaus mit wunderschönen Giebeln. Gefecht 1807.

2. **Guttstadt** an der Alle mit 3946 Einwohnern. 1325 erbaut. In der Nähe Dorf und Schloß Schmolainen, dem Fürstbischofe Ermlands gehörig.

VIII. Königsberg (Stadtkreis) mit über 1 ☐ Meile. Darin:

Königsberg (Littauisch Karalaucžius, Polnisch Krolewiec genannt) mit über 102,000 Einwohnern. Hauptstadt der Provinz und Residenzstadt. 1255 auf dem Berge Twangste erbaut und zu Ehren Ottokars von Böhmen († 1278) so genannt. Der Stadtbezirk enthält 2650 Morgen preuß. Die älteste Kirche Königsbergs war die zu St. Nicolai, die jetzige polnische. In der Nähe des Schlosses erstand die Altstadt, die 1281 Culmisches Recht erhielt, auch Glied der Hansa wurde. 1300 erstand die Neustadt oder der Löbenicht, nach 1324 der Kneiphof. Diese drei Städte befehdeten sich öfter. Der Kneiphof war die reiche Stadt der Handelsherren, die Altstadt vornehmlich der Sitz des Handwerksfleißes.

Friedrich Wilhelm I. vereinigte 1724 die drei Städte zu einer. 1457 wurde sie Residenz der Hochmeister, 1525—1618 die der Herzoge von Preußen, 1544 die Albertus-Universität gegründet. 1701 Friedrich I., (1861 Wilhelm I. daselbst gekrönt); war nach dem unglücklichen Kriege für längere Zeit die Residenz des Königlichen Hofes. In ihr wurde die Wiedergeburt des Staates vorbereitet. Unvergeßlich die Männer: v. Stein, W. v. Humboldt, Niebuhr, Nikolovius, Stägemann, v. Schön, Scheffner, Heidemann. Vor dem Steindammer Thore der Busoltsche Garten mit Landhaus, in dem die unvergeßliche Königin wohnte. Wer von Westen auf dem Pregel der Stadt naht, hat eine prächtige Ansicht derselben. Das rechte Pregelufer ist hoch und aus der Häusermasse ragt ernst und würdig das alte Königliche Schloß hervor. Wenn das rechte Pregelufer hügelig ist (7 Hügelstadt deshalb auch genannt), so ist das linke flach und eben. Die Theile der Stadt, welche am Flusse oder in dessen Nähe liegen, gehören dem Handel. Die Lastadie ist eine Speicherstadt, wie in Danzig die Speicherinsel. Vor der grünen Brücke, dicht an der schmucklosen Börse, vereinigen die beiden Pregelarme sich, die den Kneiphof zur Insel machen. Die Tiefe des Flusses ist dort bedeutend, über 30'. Von hier ab wird der Wasserspiegel mit Schiffen und anderen Fahrzeugen bedeckt, die ihre Fracht ausladen oder einnehmen, und dann bald den fernsten Orten der Erde zueilen.

Der Kern der Stadt, welcher aus den schon genannten Haupttheilen besteht, wird von den noch zu nennenden radienartig darum gelagerten Vorstädten umgeben, während das Ganze von einem Hauptwalle, fünf detachirten Forts und 72 Blockhäusern eingeschlossen wird. Königsberg ist eine Festung ersten Ranges, mit deren Bau 1842 begonnen wurde. Schönheit und Festigkeit zeichnen das Mauerwerk der Festungswerke aus. Im O. der Stadt, hart an dem rechten Pregelufer, zieht sich 1) der lange, höchst einförmige Sackheim hin, den 1764 eine Feuersbrunst, sammt dem Löbnicht, dem Anger und 2 Kirchen in Asche legte. Außerdem verbrannten noch 2400 Achtel Holz auf den Pregelwiesen und 49 Speicher; im Ganzen 369 Häuser. Die Hospitaliten und Irren, welche man nach der löbnichtschen Hospitalkirche gebracht hatte, kamen darin jammervoll in den Flammen um. Der Schaden betrug 5 Mill. Thlr.

Von 1764—1775 ereigneten sich 4 der größten Feuersbrünste, die einen Schaden von 10 Mill. Thlr. verursachten.

Friedrich der Große nannte Königsberg in Folge dessen
„ein Mordbrennernest.‟

Das Sackheimer Thor, das in seiner unmittelbaren Nähe das 1701 gegründete Königl. Waisenhaus mit dem damit verbundenen Schullehrer-Seminar und das Taubstummen-Institut hat, trägt die Medaillon-Portraits von York und v. Bülow.

Das östliche Wafferthor der Stadt, der Littauerbaum, befindet sich in der Nähe

Fast gleichlaufend mit dem Sackheim zieht sich 2) die Königsstraße, früher „Neue Sorge" genannt, hin; sie ist eine der schönsten Straßen. In ihr befindet sich die Königl. Bibliothek (mit circa 220,000 Bänd.), einst das Absteigequartier Friedrich Wilhelm I., der dem Exercierplatze nahe wohnen wollte, und die Maler-Akademie, die in ihren Räumen die städtische Bildergallerie birgt. Vor der Akademie erhebt sich eine Spitzsäule mit folgender Widmung:

„Dem Staats-Minister Freiherrn von Schön bei seinem Austritte aus dem Staatsdienste gewidmet von seinen dankbaren Mitbürgern."

Das prächtige Königsthor, vor dem einige schöne Friedhöfe liegen, trägt die Bildsäulen Ottokars, Albrechts und Friedrichs I. Zwischen der Königsstraße und dem Roßgarten dehnt sich der ehemalige Herzogsacker, jetzt Exercierplatz, aus, auf dem eine riesige Kaserne erbaut ist.

Der Roßgarten ist die Straße, in der die meisten Heilanstalten Königsbergs liegen. Das ihn begrenzende Roßgärtner Thor trägt die Medaillon-Bildnisse von Scharnhorst und Gneisenau; daneben, hart am Oberteiche, erhebt sich drohend der „Dohna", ein gewaltiger Festungsthurm. Der 133 bis 238 Morgen große Oberteich (nach der verschiedenen Höhe des Wasserstandes) ist das Wasser-Reservoir der Stadt, welches aus meilenweiter Ferne durch ein Kanal-System Wassermassen zugeführt erhält; er liegt $33^1/_2'$ höher, denn der 38 Morgen (preuß.) große Schloßteich, der der Stolz der Königsberger ist, und $37^1/_2'$ höher, denn der Wasserspiegel des Pregels bei mittlerem Wasserstande liegt. Der Tragheim ist ein sehr weitläufiger Stadttheil, welcher alljährlich durch Neubauten verschönt wird. Neben dem nach ihm benannten Thor erhebt sich der kolossale „Wrangel-Thurm". Auf dem Platze, der zwischen dem Tragheimer und Steindammer Thor sich hinzieht, findet alljährlich der berühmte Königsberger Pferdemarkt statt, der Käufer selbst aus den fernsten Städten Europas herbeizieht. Das imposante Steindammer Thor trägt als Schmuck die lebensgroße Figur Friedrich Wilhelm IV., des Gründers der Festung. Neben dem Steindamm und seinen zahlreichen Nebenstraßen streckt sich der neue Roßgarten hin, in dessen Bezirk die Sternwarte, der botanische Garten, das zoologische Museum, das chemische Laboratorium, die Anatomie und verschiedene Kliniken liegen. Königsbergs schön gelegene Sternwarte hatte in Bessel, der 1844 starb, ihren weltberühmten Direktor. Die Aussicht von dem Walle an der Sternwarte ist eine der schönsten, die Königberg bietet.

Der neben dem neuen Roßgarten sich bis zum Pregel hin ausdehnende Stadttheil heißt Laak. In ihm liegt die größte Eisengießerei Königsbergs. Der Laak gegenüber, auf dem linken Pregelufer, in der Nähe des westlichen Wafferthores der Stadt, des Holländer Baumes, liegt das Fort Friedrichsburg, das in den neuen Festungsplan aufgenommen, nur noch wenige Reste seiner alten Form zeigt, die ihm einst Friedrich Wilhelm der große Kurfürst gab.

Neben diesem imposanten Fort liegen die Schiffswerften Königsbergs, auf denen anerkanntermaßen am billigsten Schiffe gebaut werden. Der daran stoßende Stadttheil ist Eisenbahnzwecken gewidmet; die Schönheit des Bahnhofes wird leider durch darangefügte, nöthig gewordene Neubauten wesentlich beeinträchtigt.

In diesem Theile der Stadt war früher der berühmte Philosophendamm, von dem nur noch klägliche Reste vorhanden sind. Hier pflegte Kant täglich spazieren zu gehen. Die große Vorstadt, sammt dem daran stoßenden Haberberge, hat als Bewohner vorherrschend Kaufleute und Ackerbürger. Außerhalb des Befestigungsgürtels zieht sich parallel der Berliner Chaussee der Nassegarten hin, dessen Bewohner sich meistens mit dem Gemüsebau beschäftigen. Auch diese Stadttheile haben große, schöne Friedhöfe in der Nähe. Auf dem des Haberberges ruhen auch die drei unschuldig hingerichteten Räthe des Herzogs Albrecht. Außer den schon angeführten bedeutenden Gebäuden Königsbergs sind noch besonders hervorzuheben: die Altstädtische Kirche, das Postgebäude, das Königl. Bankgebäude und die Domkirche, das größte Gotteshaus Königsbergs. Auf dem sogenannten Königsgarten, auch Paradeplatz genannt, erhebt sich der auf Befehl Friedrich Wilhelm IV. aufgeführte Universitäts-Palast. Ausgedehnte Blumenanlagen nehmen einen bedeutenden Theil dieses Platzes ein, in dessen Mitte sich die Reiterstatue Friedrich Wilhelm III. erhebt, die folgende Widmung trägt: „Ihrem Könige Friedrich Wilhelm III. die dankbaren Preußen."

In der Nähe der Kantstraße steht Rauch's letztes Werk, die Statue des berühmten Kant. In der Nähe liegt sein Wohnhaus, das eine Marmortafel mit folgender Inschrift trägt: „Hier wohnte und lehrte J. Kant von 1783 bis zum 23. Febr. 1804."

Der Stadt zum Ruhme gereichen die kostbaren Schulgebäude, den Beinamen Königsbergs „Stadt der Intelligenz" rechtfertigend. Die Stadt hat 3 Gymnasien, 2 Realschulen 1. Ordnung, eine Mittelschule, eine höhere Töchterschule, 3 Bürger-, 14 Elementar- und Kirchschulen. Dazu kommen noch: 3 Stiftungs- und Vereins-, und 19 Privatschulen.

Der Stadttheil, welcher bis auf diesen Tag seine alterthümliche Physiognomie am treusten gewahrt hat, ist die kneiphöfsche Langgasse mit ihren Beischlägen, die dadurch der Danziger Langgasse sehr ähnlich ist.

Die Stadt hat viele Gärten, deren Zahl leider alljährlich durch zahlreiche Neubauten verringert wird.

Der Haupthandel Königsbergs besteht in Getreide, 1863: 5,236,889 Schffl., wovon das meiste nach England und Norwegen ging. Borsten 1560 Ctr. Heeringe 109,997 Tonnen. Flachs 1865: 181,000 Ctr. Hanf 45,500 Ctr. Holz, Werth 210,000 Thlr. 1865 sind in Königsberg und Pillau eingekommen: 1278 Schiffe, ausgegangen: 1239. Thee 102,262 Ctr. im Werthe von über 5 Mill. Thlr. Kaffee 30,000 Ctr. 1864: Salz 20,526 Tonnen. Bier wurden 57,717 Tonnen in der Stadt gebraut, benachbarte Brauereien lieferten 41,821 Tonnen. Der Werth der Einfuhr betrug 1863: 42,083,000 Thlr., der der Ausfuhr 30,376,500 Thlr. Zur Rhederei Königsbergs gehörten 1864:

20 Schiffe. Die Länge der Straßen beträgt fast 8, die der darin gelegten Gasröhren 11⅓ Meilen.

IX. **Königsberg** (**Landkreis**) 22¾ ☐ Meilen mit 48,087 Bewohnern. 19 Kirchen und 85 Schulen. Vergnügungsorte der Königsberger: Juditten, Friedrichsstein, Arnau, Fuchshöfen, Arweiden, Kellermühle und Preil.

1. **Die landwirthschaftliche Academie Waldau.** Waldau, eine Königl. Domaine mit landwirthschaftlicher Academie, liegt ungefähr 2 Meilen östlich von Königsberg und ist nachweislich seit dem 14. Jahrhundert Eigenthum der Landesherren gewesen. 1525 bei der Umwandlung des Ordensstaates in ein westliches Herzogthum wurde Waldau ein Vorwerk des Domainenamtes Neuhausen. 1720 wurde Waldau nebst Heiligenwalde und Wargienen an den Amtmann Andreas Neuwack verpachtet, dessen Nachfolger in der Pacht die Wirthschaft außerordentlich hob. 1767 war schon Wargienen abgezweigt und besonders verpachtet; dasselbe geschah mit Heiligenwalde 1852.

Die Domaine, die nun zur landwirthschaftlichen Academie verwandelt ist, enthält über 2000 Morgen. Alle Zweige der Landwirthschaft sind darauf vertreten; die Baulichkeiten sind zweckentsprechend und mustergültig. Das lebende Inventarium der Academie hat einen Werth von über 24,000 Thlr. Die daselbst eingerichtete Wirthschaft soll eine Musterwirthschaft sein, die den möglichst höchsten Reinertrag gewährt. Der Academie muß allerdings Rechnung getragen werden, indem zur Prüfung neuer Kulturen die nöthigen Mittel gewährt werden müssen. Die Academie wurde 1858 eröffnet. An der Spitze derselben steht ein Direktor, der zugleich erster Lehrer der Landwirthschaft ist; der zweite Lehrer derselben ist der Administrator. Die Naturwissenschaften werden von 2 Lehrern gelehrt. Ein Königlicher Baumeister, der sämmtliche Bauten der Academie und Domaine unter Aufsicht hat, lehrt Baukunde, Nivelliren, Feldmessen und Mathematik. Andere Lehrer lehren Thierheilkunde, Forstwissenschaft und Gartenbau. Ein Versuchsfeld von 30 Morgen giebt Gelegenheit für Erfahrungen des praktischen Lebens. Für eine Bibliothek und zweckentsprechende Sammlungen zur Belebung und Unterstützung des Unterrichts ist Sorge getragen.

2. **Die Ackerbauschule Spitzings** wurde 1852 im Anschluß an die seit 1832 bestehende v. Kowalsky'sche Erziehungsanstalt eröffnet. Sie hat den Zweck, junge Leute aus dem ländlichen Arbeiter= oder Bauernstande zu Kämmern, Hofleuten und andern Wirthschaftsbeamten heranzubilden. Die Anstalt hat 12 Freischüler. Die Pensionäre zahlen im ersten Jahre 50, im zweiten 40 und im dritten 30 Thlr. Pension. Alle Arbeiten, wie sie eine Landwirthschaft bietet, müssen die Schüler verrichten.

X. **Kreis Labiau.** 21 ☐ Meilen mit 49,214 Bewohnern. Königl. Forst 8½ ☐ Meilen groß. 8 Kirchspiele, 10 Forst=Colonieen. ⅓ der Bewohner Littauer.

1. **Labiau,** freundliches Städtchen mit einem Ordensschloße, 1 Ketten=

brücke. Große Fleischmärkte. 4,433 Einwohner. Schlacht 1318 Hennig Schinde-
kopf. In der Nähe das Fischerdorf Labagienen mit einer Fisch=Guano=Fabrik.
Wenige Meilen östlich von Labiau liegt das 40,000 Morgen große Moorbruch,
von dem jetzt 2000 Morgen cultivirt sind. 9 Kolonien sind daselbst im Auf=
blühen begriffen.

2. **Cahmen**, Domaine, altes Ordensschloß. Bauernaufruhr 1525.
Müller Kaspar.

XI. Kreis Memel. 19 ☐ Meilen mit 53,446 Bewohnern.
Der Boden verschieden. Flugsand, Sandboden, sandiger Lehmboden
und ungeheure Torfmoore. Wälder unbedeutend. 7 Kirchspiele,
56 Schulen. $\frac{2}{3}$ der Bewohner Littauer. Darin Nimmersatt das
nördlichste Dorf in Preußen. Poststation Immersatt.

Memel mit 17,706 Einwohnern an der Mündung der Dange in das
Tief, durch den Orden 1252 gegründet. 4 Kirchen, 2 Kapellen. 1 Gymnasium.
Simon Dach ist in Memel geboren. Bedeutender Holz= und Getreidehandel
nach England. Viele Wind= und Dampf=Holzsägemühlen. Der 80′ hohe Leucht=
thurm sendet sein Licht 7 Meilen weit in die See. Schiffswerfte. Von Memel
nach der russischen Grenze hin eine frisch grünende Plantage, gepflanzt von
dem Plantagen=Inspektor Richert, dem inmitten seiner Schöpfung eine kleine
Denksäule mit folgender Inschrift gesetzt ist: „Herrn J. C. Richert, städtischem
Plantagen=Inspektor von 1825—1851 in Anerkennung seiner Verdienste um
diese Pflanzung der Magistrat und die Stadtverordneten.“ Die Rheder Memels
besaßen 1865: 95 Schiffe und 9 Dampfböte. Der Handel Memels in Holz
ist sehr bedeutend, der Werth des ausgeführten Holzes betrug 1865 über
4 Mill. Thlr. In demselben Jahre kamen 926 Schiffe ein. Der Werth der
Einfuhr belief sich auf 2,775,304 Thlr., der der Ausfuhr auf 6,809,670 Thlr.

XII. Kreis Mohrungen. 22¼ ☐ Meilen mit 54,776 Bewohnern,
24 Kirchspielen und 91 Schulen. Reich an See'n. Darin:

1. **Mohrungen** mit 3649 Einwohnern. 1327 gegründet zwischen dem
Mohrung= und Bärting=See, mit einem alten Schlosse. Herder darin geboren
1744 und der berühmte Botaniker Willamow. In der Nähe das Kirchdorf
Hagenau mit dem Windmühlenberge, von ihm reizende Aussicht. Die See'n
sind reich an Marenen.

2. **Liebstadt** mit 2265 Einwohnern am Mühlenfließ, 1414 erbaut;
Knotenpunkt des Elbing=Oberländer=Kanals.

3. **Saalfeld** mit 2608 Einwohnern, am Mawing=See. 1328 erbaut.
In der Nähe der Flecken Pr. Mark mit altem Schlosse und hübscher Umgegend.

XIII. Kreis Neidenburg. 29 ☐ Meilen mit 47,619 Bewohnern,
24 Kirchspielen und 101 Schulen. Darin große Königliche Forsten.
Der Boden vorherrschend sandig. Großartige Meliorationen sind
darin ausgeführt.

1. **Neidenburg** mit 3609 Einwohnern, 1266 gegründet.

2. **Soldau** am Soldauflusse, gegründet 1306, mit 2459 Einwohnern.

XIV. Kreis Ortelsburg. 28 ☐Meilen mit 58,979 Bewohnern.

Der zum größeren Theil sandige Boden trägt Roggen, Buchweizen und Kartoffeln. 11 Kirchspiele mit 122 Schulen.

1. **Ortelsburg** mit 1800 Einwohnern; an einem See. Seit 1669 eine Stadt.

2. **Willenberg** mit 2524 zum Theil polnisch redenden Einwohnern.

3. **Passenheim** mit 1865 Einwohnern. Seit 1724 eine Stadt (zwischen dem Kolben= und Lelesch=See), 1336 gegründet. Geburtsort des preußischen Geschichtschreibers Hartknoch. Die Tartaren belagerten 1656 die Stadt, welche sich tapfer vertheidigte; Verrath brachte über den Ort schreckliches Elend.

XV. Kreis Osterode. 28 ☐Meilen mit 59,009 Bewohnern.

Sehr see'nreich. 26 Kirchspiele und 95 Schulen. $\frac{2}{3}$ der Bewohner sind deutsch, $\frac{1}{3}$ derselben polnisch.

1. **Osterode** mit 3986 Einwohnern.

2. **Liebemühl** mit 1985 Einwohnern, am Liebeflüßchen.

3. **Gilgenburg** mit 1801 Einwohnern, zwischen dem kleinen und großen Damerausee, in freundlicher Gegend. Zerstört 1410. Nordöstlich von Gilgen= burg liegt das Kirchdorf Tannenberg, daneben das Schlachtfeld vom 17. Juli 1410.

4. **Hohenstein** mit 2359 Einwohnern, in der Nähe die Allequellen. Gymnasium.

5. **Jullenhof,** die dritte Ackerbauschule der Provinz.

XVI. Kreis Preußisch Eylau. 21 ☐Meilen mit 55,436 Be=

wohnern. Der Kreis ist reich an Holz. Die Wälder darin sind durch die Nonnenraupe furchtbar verheert. 22 Kirchspiele und 88 Schulen. Die in dem Kreise befindlichen Wollspinnereien, Tuchwalkereien und Bierbrauereien liefern vortreffliche Producte.

1. **Pr. Eylau** am Pasmar mit 3546 Einwohnern. 1336 erbaut. Schlacht am 6. und 7. Februar 1807. Dicht vor der Stadt das L'Estocq=Denkmal, 34′ hoch, 1856 enthüllt. Prachtbau des neuen Seminars.

2. **Landsberg** mit 2928 Einwohnern.

3. **Creuzburg** mit 2181 Einwohnern, am Pasmar.

XVII. Kreis Pr. Holland. 15 ☐Meilen mit 43,689 Bewohnern.

Im Ganzen fruchtbar. Viele Mahl= und Schneidemühlen. 27 Kirch= spiele und 94 Schulen.

1. **Pr. Holland** auf freundlicher 118′ hoher Anhöhe, deren Fuß von der unbedeutenden Weeste umflossen wird, mit 4569 Einwohnern, Johanniter= Krankenhaus, 1 Meile von der Ostbahn. Fabrikation berühmter Pfefferkuchen. Soll der Sage nach 1290 von aus den Niederlanden hieher geflüchteten Edelleuten erbaut sein.

2. **Mühlhausen** an der Donne, 2302 Einwohner. Unbedeutendes Städtchen unfern der Ostbahn. 1356 gegründet. Schöne Umgegend.

XVIII. Kreis Rastenburg mit 15 ☐ Meilen und 41,753 Be=
wohnern. Der zum Kreise gehörende Boden trägt Weizen, Klee und
Flachs. 14 Kirchspiele und 86 Schulen, 1 Gymnasium.

1. **Rastenburg** an der Guber, mit 5217 Einwohnern. 1329 erbaut.
Von den hochrothen Ziegeln der Dächer die Redensart: „Er glüht wie ein
Rastenburger." Seit Ostern 1865 eine Anstalt zur Bildung von Idioten
(12 Stellen). 1 Gymnasium.

2. **Drengfurt** an der Omet, mit 1915 Einwohnern. Im Anfange des
13. Jahrhunderts erbaut.

3. **Barten** mit 1685 Einwohnern, seit 1365 eine Stadt. In der Nähe
die Grafschaft Dönhofstädt mit schönem Parke.

XIX. Kreis Rössel. 14 ☐ Meilen mit 46,693 Bewohnern, mit
meist fruchtbarem Boden, der viel Getreide und Flachs hervorbringt.
Rieselwiesen. 19 Kirchspiele und 74 Schulen.

1. **Rössel** an der Zain mit 3317 Einwohnern. 1337 erbaut. In der
Nähe in „Waldeinsamkeit" der Wallfahrtsort heilige Linde, „gegen den sich alle
Bäume des Waldes neigen sollen." 2 Meilen davon der frühere Badeort Bansen.

2. **Bischofstein** an der Dimmer mit 3328 Einwohnern. 1385 gegründet.

3. **Bischofsburg** mit 3576 Einwohnern. 1395 gegründet.

4. **Seeburg** mit 2837 Einwohnern, im 14. Jahrhundert erbaut.

XX. Kreis Wehlau mit 18 ☐ Meilen und 48,560 Bewohnern.
Der Kreis hat sehr fruchtbaren Boden. In ihm befinden sich 20 Haupt=
ziegeleien. 11 Kirchspiele und 74 Schulen.

1. **Wehlau** am Einfluß der Alle in den Pregel mit 5091 Einwohnern.
1336 gegründet. Herzog Albrecht nannte Wehlau „seine liebe Rose." Mit
sehr langer (891') Brücke. Berühmter Pferdemarkt, der durch die Ostbahn eine
ungewöhnliche Lebhaftigkeit erhalten hat. Vertrag zu Wehlau am 19. Sep=
tember 1657. Das große Mühlenwerk Pinnau liegt dicht bei der Stadt, nach
holländischer Bauart von einem Holländer gegen Ende des vorigen Jahrhunderts
angelegt. $\frac{1}{10}$ Meile davon auf hohem Alleufer die Irrenheil=Anstalt Allenberg
zur Aufnahme für 500 Kranke eingerichtet; eröffnet 1847. 1 Realschule.

2. **Tapiau** am Pregel mit 2773 Einwohnern. Seit 1722 eine Stadt. Ein
recht freundliches Städtchen. Daneben ein großes Militair=Proviant=Magazin. Auf
der Insel zwischen Pregel und Deime das freundliche Schloß, jetzt ein Land=
armen=Verpflegungs=Institut. Der Bahnhof $\frac{1}{8}$ Meile davon. Volksmund:
„Wer nicht wagt, kommt nicht nach Wehlau, wer zu viel wagt, kommt nach
Tapiau." Tod Albrechts 1568.

3. **Allenburg** an der Alle mit 2577 Einwohnern, um 1400 erbaut.

Reihenfolge der Städte des Regierungs-Bezirks nach ihrer Bewohnerzahl:

1. Königsberg. 2. Memel. 3. Braunsberg. 4. Heilsberg. 5. Rastenburg. 6. Wehlau. 7. Bartenstein. 8. Allenstein. 9. Wormditt. 10. Pr. Holland. 11. Labiau. 12. Osterode. 13. Guttstadt. 14. Mohrungen. 15. Mehlsack. 16. Neidenburg. 17. Bischofsburg. 18. Pr. Eylau. 19. Zinten. 20. Bischofstein. 21. Rössel. 22. Wartenburg. 23. Heiligenbeil. 24. Schippenbeil. 25. Landsberg. 26. Friedland. 27. Gerdauen. 28. Seeburg. 29. Tapiau. 30. Pillau. 31. Nordenburg. 32. Saalfeld. 33. Allenburg. 34. Willenberg. 35. Soldau. 36. Frauenburg. 37. Hohenstein. 38. Fischhausen. 39. Mühlhausen. 40. Liebstadt. 41. Kreuzburg. 42. Domnau. 43. Liebemühl. 44. Drengfurt. 45. Passenheim. 46. Gilgenburg. 47. Ortelsburg. 48. Barten.

I. Oſtpreußen.

B. Regierungs-Bezirk Gumbinnen.

Dieſer Theil der Provinz wird öfter Preußiſch Littauen genannt. Sein Flächeninhalt beträgt 298¼ ☐Meilen, davon ⅓ reichlich auf Wälder und See'n zu rechnen iſt. Die Zahl der Bewohner beträgt 652,000; darunter 13,000 Katholiken, 1800 Juden und 800 Mennoniten. Der Regierungsbezirk zerfällt nach der Verordnung von 1818 in 16 Kreiſe, mit 19 Städten, 13 Flecken und 3027 Dörfern, 131 Kirchſpielen und 1491 Schulen.

I. **Kreis Angerburg.** 17½ ☐Meilen und 37,926 Bewohner. Darin 7 Kirchſpiele und 86 Schulen.

Der Kreis iſt ſehr ſee'nreich. Durch die Peſt von 1708 hat er ſehr gelitten. „Anno 1708 hat die Peſt oder wie ſie von denen medicis genennet worden contagion in Polen bis Warſchau u. ſ. w., hernach auch in Preußen, als Thorn, wie denn auch im Oberlande in einigen Städten zu graſſiren angefangen, nachgehend anno 1709 in Danzig im Sommer viel Tauſend hingerafft, dann ſelbigen Herbſt in Königsberg vor und nach Weihnachten auf dem Lande, ſonderlich im Inſterburgiſchen, Goldapper und Angerburger Amt auch, aber nur einige Häuſer in einem und dem anderen Dorfe einzeln angepackt. anno 1710 von Mayo (Mai) bis medio Auguſto dermaßen heftig graſſiret, daß im Monat September ſchon faſt keine Menſchen übrig zum Sterben waren; ſonderlich war dieſe Strafe Gottes zu Inſterburg und andern littauiſchen Aemtern, da ſie anfing die Leute anzugreifen; da iſt auch das Winterkorn im Felde geblieben und zernichtet worden, bei den letzten (maſuriſchen Aemtern) aber nur das Sommergetreide, wiewol doch nicht an allen Orten, als im Oletzkoſchen, Lyckſchen, Lötzenſchen, iſt dennoch die Gnade Gottes zu ſpüren geweſen, allein im Angerburgiſchen und Sperlingſchen Kammer-Amt hat es ſich gefüget, daß in manchem Dorfe kaum 2 oder 3 Perſonen nicht erkrankten, daher ſind auch die Königlichen Vorwerke ſowol im Korn- als Sommerfelde faſt total ruinirt und die Erndte faſt zernichtet worden; die Brache iſt nicht geſtürzt, vielweniger die Beete gepflüget worden.“

Nach Göckings Beſchreibung war in Folge dieſer Peſt meilenweit kein Menſch anzutreffen. Ein Pferd, ein Ochs, eine Kuh galten wenige Groſchen. Das Vieh ging gleich den wilden Thieren auf den Feldern und mußte zum

Theil wegen Mangel an Pflege umkommen. Vor Schrecken und Angst flohen viele aus dem Lande und ein großer Theil von Privat=Grundstücken wurde Königliches Eigenthum, nachdem sie ihrer Besitzer durch den Tod beraubt oder von diesen freiwillig verlassen waren. 60,000 Hufen herrenloses Land gab es damals, was zum Theil an mehr denn 10,000 Salzburger verliehen wurde.

Angerburg an der Angerapp, am See gleichen Namens, mit 4133 Einwohnern. 1571 erbaut. Altes Schloß 1312 erbaut. 1 Taubstummen=Institut. 1 Schullehrer=Seminar. Der berühmte Naturforscher Helwing ist hier geboren. In der Nähe die Grafschaft Steinort. In Angerburg hat der Aalfang eine große Bedeutung; Hauptfangort Schloß und Schleuse der Königlichen Mühle. „Von dem herrlichen Aalfang Angerburg und den zwei Aalkasten, worin man des Morgens, wenn man schützt, und irgend eine gute, finstere Nacht gewesen, besonderlichen, wenn es mit gedonnert hat, etliche Faß voll Aale liegen findet." Ein Schock 4' langer und armsdicker Aale werden mit 20—24 Thlr. nach Polen verkauft. Die Kanal= und anderen Wasserbauten haben diesen Fang sehr gemindert.

II. Kreis **Darkehmen** mit 13½ ☐Meilen und 36,665 Bewohnern. Darin 8 Kirchspiele und 82 Schulen.

Darkehmen an der Angerapp mit 3095 Einwohnern in freundlicher Gegend, 1725 zur Stadt erhoben, weil viele Salzburger und Katholiken sich hier ansiedelten.

III. Kreis **Goldap** mit 18½ ☐Meilen und 43,238 Bewohnern. Darin 8 Kirchspiele und 100 Schulen.

Goldap am Flusse gleichen Namens mit 4587 Einwohnern. 1570 zur Stadt erhoben. Ein Hügel, der „Goldaper Kalender", in der Nähe der Stadt, zeigt die Veränderung des Wetters an.

IV. Kreis **Gumbinnen** mit 13 ☐Meilen und 45,973 Bewohnern. Darin 9 Kirchspiele und 106 Schulen.

Gumbinnen an der Pissa, sehr regelmäßig mit schönen, geraden und breiten Straßen erbaut. 1732 wurde es von Friedrich Wilhelm I. zur Stadt erhoben und vornehmlich mit Salzburgern bevölkert. Gumbinnen hat 7945 Einwohner. Die Straßen sind mit Lindenalleen geschmückt. 1 Gymnasium. Auf dem Markte die Statue Friedrich Wilhelm I. mit der Inschrift: „Friedr. Wilh. I., Wiederhersteller Littauens, Gründer Gumbinnens." Bahnhof der Ostbahn.

V. Kreis **Heydekrug** mit 18⅓ ☐Meilen und 37,810 Bewohnern. Im Kreise die große Ibenhorster Forst mit Elennthieren. 8 Kirchspiele und 53 Schulen.

1. Heydekrug. Marktflecken in unfruchtbarer Gegend mit 897 Einw.
2. Ruß, bedeutendes Dorf. Stapelplatz für polnisches Holz.

VI. Kreis **Insterburg** mit 64,200 Bewohnern. 14 Kirchspiele und 122 Schulen. Darin zum größten Theil die Dessauischen Güter, die 1720 der Fürst von Dessau kaufte, mit der Verpflichtung ihnen bald Ansiedler zu geben. Sie sind 3½ ☐Meilen groß und strecken sich in 4 Meilen Länge dem Pregel entlang hin. Hauptorte darin sind: Gr. Bubainen und Norkitten.

Insterburg am Zusammenfluß der Angerapp mit der Inster und an der Ostbahn, von wo ab die Vereinigung dieser Flüsse den Namen Pregel führt, mit 12,617 Einwohnern. 1572 angelegt, ist sie, namentlich in den letzten Jahren, schnell gewachsen. Eine große Strafanstalt und bedeutende Fabriken, 1 Gymnasium und 1 Realschule sind in der Stadt, von der nun auch eine Eisenbahn nach Tilsit führt. Westlich von Insterburg Gr. Jägern=dorf, Schlacht am 30. August 1757.

VII. Kreis Johannisburg mit 31⅔ ☐Meilen und 41,783 Be=wohnern. Der Kreis ist reich an See'n, Wald und Haide. 9 Kirch=spiele und 115 Schulen.

1. Johannisburg südlich vom Spirding=See, Prsch oder Pissek, mit 2854 Einwohnern. Die Fischerei ist mit die Hauptbeschäftigung der Bewohner. 1645 ist Johannisburg zur Stadt erhoben. Hauptzoll=Amt. Südlich davon, in der Johannisburger Haide, liegt hart an der polnischen Grenze

2. Wondollek (d. h. Thälchen), ein Eisenhüttenwerk, im freundlichen Thalgrunde. Seit 1805 ein Königliches Eisenhüttenwerk. Das Material bot der Raseneisenstein, welcher dort in großer Menge zu finden ist. Die Anlagen bestehen in 1 Hochofen, 1 Kuppelofen, 1 Emaillirhütte und 1 Hammerwerk. Im Hochofen werden die in der Umgegend vorkommenden Rasen=Eisenerze zu Roheisen verwandelt. Zum Umschmelzen von Roh= und altem Gußeisen dient der Kuppelofen. In der Emaillirhütte werden Kochgeschirre, Röhren und Pfannen glasirt; im Hammerwerke Schmiede= und Stangeneisen dargestellt. Das Betriebswasser wird zu den verschiedenen Wasserrädern aus den in der Nähe liegenden See'n durch einen Kanal geleitet der oberhalb des Werkes nach Polen geht und sich dort in den Narew ergießt. Den für den Hoch= und Kuppelofen nöthigen Wind liefern ein Wassercylindergebläse und eine Dampf=maschine, welche mit den, sonst als Flammen ungenutzt entweichenden Hoch=ofengasen geheizt werden.

Die Fabrikation besteht jährlich in etwa 5000 Ctr. Gußwaaren mancherlei Art, worunter etwa 55,000 Stück rohe und emaillirte Kochgeschirre, und etwa 1200 Ctr. Schmiedeeisen. Zur Darstellung dieser Produkte werden circa 7000 Scheffel Eisenstein, 2000 Klafter Holz und die daraus geschwelten Kohlen, 4000 Ctr. Roheisen, altes Guß= und Schmiedeeisen und 1200 Ctr. Kalk als Flußmittel gebraucht.

Außer Köhlern und Eisensteingräbern werden 50 Arbeiter beschäftigt; es könnte mit diesen, bei den vorhandenen Betriebseinrichtungen, die Produktion mehr als verdoppelt werden, wenn die russische Grenzsperre nicht den Aufschwung des Werkes hinderte.

3. Arys, am Arys=See gelegen, mit 1195 Einwohnern.

4. **Biala** mit 1601 Einwohnern, seit 1722 zur Stadt erhoben, mit vorherrschend Bewohnern slawischer Nationalität.

VIII. Kreis Lötzen mit 16½ ☐ Meilen und 36,569 Bewohnern. Der Kreis enthält viel Abwechselung von Thälern und Hügeln, deshalb er auch die „masurische Schweiz" genannt wird. 8 Kirchspiele und 89 Schulen.

1. **Lötzen** mit 3209 Einwohnern am Löwentin=See. 1589 zur Stadt erhoben. Auf einer Insel des See's liegt das Fort Boyen von Friedrich Wilhelm IV. errichtet.

2. **Rhein** mit 2217 Einwohnern, am Talter= oder Rheinischen Wasser, das ein Arm des Spirding=See's ist. Ordensschloß. Die Bewohner sind vorherrschend polnischer Nationalität.

IX. Kreis Lyck mit 19⅔ ☐ Meilen und 43,494 Bewohnern. 9 Kirchspiele und 100 Schulen.

Lyck mit 5125 Einwohnern, am Lyckfluß und Lyckfee in romantischer Lage. Auf einer Insel des See's ein Ordensschloß. 1273 angelegt. 1 Gymnasium.

X. Kreis Niederung mit 20¾ ☐ Meilen und 50,463 Bewohnern. 6 Kirchspiele und 67 Schulen.

1. **Kaukehmen**, Marktflecken, mit 1392 Einwohnern.

2. **Heinrichswalde**, beides Kirchdörfer in sandiger Gegend.

Die Grafschaft **Rautenberg** gehört zu diesem Kreise, sie ist 1 ☐ Meile groß und besteht meistens aus Wiesen.

XI. Kreis Oletzko mit 15½ ☐ Meilen und 38,506 Bewohnern. 7 Kirchspiele und 92 Schulen.

Oletzko oder **Marggrabowa** am Oletzko=See mit 4062 Einwohnern. Einer Zusammenkunft Albrechts von Preußen und des Polenkönigs Sigismund August 1560 verdankt Oletzko seine Entstehung. Altes Ordensschloß. Der Marktplatz ist 27 Magdeburger Morgen groß.

XII. Kreis Pillkallen mit 19 ☐ Meilen und 46,000 Bewohnern. 7 Kirchspiele und 91 Schulen.

1. **Pillkallen** mit 2171 Einwohnern. Seit 1724 mit Stadtgerechtigkeit begabt. In der Umgegend Kolonien eingewanderter Franzosen, die ihres Glaubens wegen vertrieben wurden.

2. **Schirwindt** am Einfluß des Schirwindtflußes in die Sczeschuppe mit 1625 Einwohnern. Erbaut 1725.

XIII. Kreis Ragnit mit 21¾ ☐ Meilen und 52,174 Bewohnern. 9 Kirchspiele und 107 Schulen.

1. **Ragnit** an der Memel mit 3425 Einwohnern. Die Lage Ragnits ist sehr schön. Auf hohem Memelufer ist es weithin sichtbar. Der alte preußische Ort, der hier schon früher stand, hieß Ragnita. 1289 wurde eine Ordensburg erbaut, die 1828 durch Feuer zerstört wurde. In der Nähe Ragnits (östlich davon) ist die Gegend reich an Naturschönheiten, die durch der Menschen

Bemühen noch erhöht werden. Das gerne besuchte Gut Tusseinen hat einen herrlichen Park in Ober=Eisseln.

2. **Lehrhof** bei Ragnit, 1 starke Meile von Tilsit entfernt. Ackerbauschule. Der Zweck der Anstalt ist der, Besitzer kleinerer Güter praktisch und theoretisch so zu unterweisen, daß dieselben im Stande sind, kleine und mittlere Güter selbstständig zu bewirthschaften. Die Zahl der Schüler beträgt 20. Jeder Schüler zahlt jährlich 60 Thlr. Pension. Der Zudrang zu dieser Anstalt ist sehr groß. Ihr hat die Provinz schon über 200 tüchtig vorgebildete Ackerwirthe zu danken.

XIV. Kreis Sensburg mit 22 ☐Meilen und 44,831 Bewohnern. In diesem Kreise leben die meisten Philipponen. 9 Kirchspiele und 103 Schulen.

1. **Sensburg** zwischen 2 See'n, in angenehmer Gegend, mit 3054 Einwohnern. 1348 gegründet.

2. **Nikolaiken** an der schmalsten Stelle des Talter=Wassers, 2176 Einwohner. Seit 1722 Stadt. Der Spirding=See ist reich an Fischen; in ihm liegen 2 Inseln, Spirdings= und Teufelswerder. Letzterer ist ein sagenreicher Sandhügel, auf dem Friedrich der Große eine kleine Festung, Fort Lyck, anlegte, Friedrich Wilhelm II. aber — als unnöthig — niederreißen ließ.

XV. Kreis Stallupönen mit 12½ ☐Meilen und 44,310 Bewohnern. 7 Kirchspiele und 92 Schulen.

1. **Stallupönen** nahe der polnischen Grenze mit 3711 Einwohnern. Seit 1722 Stadt. Hauptzollamt.

2. **Eydtkuhnen** an der Ostbahn, ein mit jedem Jahre mehr aufblühender Ort, der bedeutende Speditionsgeschäfte treibt. Diesem Orte liegt der russische Bahnhof Wirballen gegenüber.

3. **Trakehnen** und die dazu gehörigen Vorwerke. Das best eingerichtete Gestüt Europas. Friedrich Wilhelm I. bestimmte 1732: „alle dero Preußische Gestüte nach Littauen auf die Vorwerke Bajorgallen, Gudbinn und Gurdzen verlegt, und die Gestüte zu Schreitlack, Ragnit und Insterburg nach Bajorgallen, die von Sperlings und Pradricken, nach Gudbinn und die von Grünhof und Budupönen nach Gurdzen gebracht werden sollen." Trakehnen wurde sodann dem Kronprinzen, dem Sohne Friedrich Wilhelm I., geschenkt. Das ganze zu Trakehnen gehörige Terrain ist einem schönen riesigen Garten zu vergleichen.

XVI. Kreis Tilsit mit 15 ☐Meilen und 60,295 Bewohnern. 6 Kirchspiele und 86 Schulen.

Tilsit, die Hauptstadt Littauens an der Memel mit 16,146 Einwohnern. 1289 gegründet. Das Flüßchen Tilse mündet bei der Stadt in die Memel. Die eigentliche Stadt besteht aus zwei geraden und breiten Straßen, der „hohen" und der „deutschen Gasse"; der Handel des Orts ist bedeutend. Der Kirchthurm Tilsit's erfreute sich Napoleon's Aufmerksamkeit, der sogar daran gedacht haben soll, denselben nach Paris zu schicken. Traurige Erinnerungen ruft diese Stadt für jeden Preußen wach. Zusammenkunft der Monarchen Friedrich Wilhelm III.,

Christburg und Marienburg vom Orden an Polen abgetreten. 1569 wurde dieser Theil Preußens eine polnische Provinz und theilte als solche alle Leiden des großen Staatskörpers. Deutsches Wesen, deutsche Sitten und Sprache erhielten sich vornehmlich in den Städten, während das flache Land mehr polnischen Bewohnern und damit slawischem Wesen anheimfiel. Die sich alsdann einnistende polnische Wirthschaft brachte das Land immer mehr zurück, bis endlich 1772 bei der ersten Theilung Polens die 1466 losgerissenen Stücke wieder mit Ostpreußen vereinigt wurden, nämlich das Ermland, das Marienburgische Gebiet, das Kulmerland mit Michelau, jedoch mit Ausschluß von Thorn und Danzig. 1793, bei der zweiten Theilung Polens, fielen auch Danzig und Thorn an Preußen.

Und welche Arbeit fand Friedrich II. in den neu erworbenen Landestheilen? Sein eigenes Urtheil darüber lautet: „In Preußen habe ich die Sklaverei abgeschafft, barbarische Gesetze reformirt, vernünftige in Gang gebracht; einen Kanal eröffnet, welcher die Weichsel, Brahe, Netze, Warthe, Oder und Elbe verbindet; Städte aufgebaut, welche seit der Pest von 1709 zerstört waren, 20 Meilen Morast trocken gelegt und eine Polizei eingerichtet, welche dem Lande bis dahin selbst dem Namen nach unbekannt war." Und die Verdienste, die preußisches Regiment sich um jenen Theil der Provinz erworben hat, ergeben sich aus dem vielgelesenen Buche des rühmlichst bekannten Schriftstellers Freitag:

„Die Mehrzahl des Landvolks, nämlich in Westpreußen, lebte in Zuständen, welche den Beamten des Königs jämmerlich schienen, zumal an der Grenze Pommerns, wo die wendischen Kassuben saßen. Wer dort einem Dorfe nahete, sah graue Hütten und zerrissene Strohdächer auf kahler Fläche, ohne einen Baum, ohne einen Garten — nur die Sauerkirschbäume waren altheimisch. Die Häuser waren aus hölzernen Sprossen gebaut, mit Lehm ausgeklebt; durch die Hausthür trat man in die Stube mit großem Heerd ohne Schornstein; Oefen waren unbekannt, nie wurde ein Licht angezündet, nur ein Kienspan erhellte das Dunkel der langen Winterabende; das Hauptstück des elenden Hausraths war das Crucifix, darunter der Napf mit Weihwasser. Das schmutzige und wüste Volk lebte von Brei aus Roggenmehl, oft nur von Kräutern, die sie als Kohl zur Suppe kochten, von Heeringen und Branntwein, dem Frauen wie Männer unterlagen.

Brod war fast unbekannt, Viele hatten in ihrem Leben nie einen solchen Leckerbissen gegessen, in wenig Dörfern stand ein Backofen. Hielten sie je einmal Bienenstöcke, so verkauften sie den Honig an die Städter, außerdem geschnitzte Löffel und gestohlene Rinde, dafür erstanden sie auf den Jahrmärkten den groben blauen Tuchrock, die schwarze Pelzmütze und das hellrothe Kopftuch für die Frauen. Selten war ein Webestuhl, das Spinnrad war unbekannt. Die Preußen hörten dort kein Volkslied, keinen Tanz, keine Musik, Freuden, denen auch der elendeste Pole nicht entsagt, stumm und schwerfällig trank das Volk den schlechten Branntwein, prügelte sich und taumelte in den Winkel. Auch der Bauernadel unterschied sich kaum von den Bauern, er führte seinen Hackenflug selbst und klapperte in Holzpantoffeln auf dem ungedielten Fußboden seiner Hütte. Schwer wurde es auch dem Preußenkönig diesem Volke zu nützen. Nur die Kartoffel verbreitete sich schnell, aber noch lange wurden die befohlenen Obstpflanzungen von dem Volke zerstört und alle anderen Kulturversuche fanden Widerstand. Ebenso dürftig und verfallen waren die Grenzstriche mit polnischer Bevölkerung, aber der polnische Bauer bewahrte in seiner Armseligkeit und Unordnung wenigstens die größere Regsamkeit seines Stammes. Selbst auf den Gütern der größeren Edelleute, der Starosten und der Krone waren alle Wirthschaftsgebäude verfallen und unbrauchbar. Wer einen Brief befördern wollte, mußte einen besonderen Boten schicken, denn es gab keine Post im Lande, freilich fühlte man auch in den Dörfern nicht das Bedürfniß darnach, denn ein großer Theil der Edelleute konnte so wenig lesen und schreiben als die Bauern. Wer erkrankte, fand keine Hilfe, als die Geheimmittel einer alten Dorffrau, denn es gab im ganzen Lande keine Apotheken. Wer einen Rock bedurfte, that wohl, selbst die Nadel in die Hand zu nehmen, denn auf viele Meilen weit war kein Schneider zu finden, wenn er nicht abentheuernd durch das Land zog. Wer ein Haus bauen wollte, der mochte zusehen, wo er von Westen her Handwerker gewann. Noch lebte das Landvolk in ohnmächtigem Kampf mit den Heerden der Wölfe, und nicht wenig Dörfer gab es, in welchem in jedem Winter Menschen und Thiere decimirt wurden. Brachen die Pocken aus, kam eine ansteckende Krankheit in's Land, dann sahen die Leute die weiße Gestalt der Pest durch die Luft fliegen und sich auf ihren Hütten niederlassen, sie wußten, was solche Erscheinung ihnen bedeutete, es war Verödung ihrer Hütten, Untergang ganzer

Gemeinden, in dumpfer Ergebenheit erwarteten sie dies Geschick. —
Es gab kaum eine Rechtspflege im Lande, nur die größeren Städte
bewahrten unkräftige Gerichte, der Edelmann, der Starost verfügten
mit schrankenloser Willkühr ihre Strafen, sie schlugen und warfen in
scheußliche Kerker nicht nur den Bauer, auch den Bürger der Land-
städte, der unter ihnen saß, oder in ihre Hände fiel. In den Händeln,
die sie unter einander hatten, kämpften sie durch Bestechung bei den
wenigen Gerichtshöfen, die über sie urtheilen durften; in den letzten
Jahren hatte auch das fast aufgehört, sie suchten ihre Rache auf
eigene Faust durch Ueberfall und blutige Hiebe.

Es war in der That ein verlassenes Land, ohne Zucht, ohne
Gesetz, ohne Herrn; es war eine Einöde; auf 600 Quadratmeilen
wohnten 500,000 Menschen, nicht 850 auf der □ Meile. Und wie
eine herrenlose Prairie behandelte auch der Preußenkönig seinen Erwerb.
Fast nach Belieben setzte er sich die Grenzsteine und rückte sie wieder
einige Meilen hinaus. Und darauf begann er in seiner großartigen
Weise die Kultur des Landes; gerade die verrotteten Zustände waren
ihm reizvoll, und „Westpreußen" wurde, wie bis dahin Schlesien,
fortan sein Lieblingskind, das er mit unendlicher Sorge, wie eine
treue Mutter, wusch und bürstete, neu kleidete, zur Schule und Ordnung
zwang und immer im Auge behielt. Noch dauerte der diplomatische
Streit um den Erwerb, da warf er schon eine Schaar seiner besten
Beamten in die Wildniß, wieder wurden die Landschaften in kleine
Kreise getheilt die gesammte Bodenfläche in kürzester Zeit abgeschätzt
und gleichmäßig besteuert, jeder Kreis mit einem Landrath, einem
Gericht, mit Post und Sanitätspolizei versehen. Neue Kirchenge-
meinden wurden wie durch Zauber in's Leben gerufen, eine Compagnie
von 187 Schullehrern wurde in das Land geführt — der würdige
Semmler hatte einen Theil derselben ausgesucht und eingeübt —
Haufen von deutschen Handwerkern wurden geworben, vom Maschinen-
bauer bis zum Ziegelstreicher hinab. Ueberall begann ein Graben,
Hämmern, Bauen, die Städte wurden neu mit Menschen besetzt.
Straße auf Straße erhob sich aus den Trümmerhaufen, die Starosteien
wurden in Krongüter verwandelt, neue Colonistendörfer abgesteckt,
neue Ackerkulturen befohlen. Im ersten Jahre nach der Besitznahme
wurde der große Kanal gegraben, welcher in einem Lauf von drei
Meilen die Weichsel durch die Netze mit der Oder und Elbe verbindet;
ein Jahr nachdem der König den Befehl ertheilt hatte, sah er selbst

beladene Oderkähne von 120' Länge nach dem Osten zur Weichsel einfahren. Durch diese neue Wasserader wurden weite Strecken Land entsumpft und sofort durch deutsche Colonisten besetzt. Unablässig trieb der König, er lobte und schalt, wie groß der Eifer seiner Beamten war, sie vermochten selten ihm genug zu thun. Dadurch geschah es, daß in wenigen Jahrzehnten das wilde, slavische Unkraut, welches dort auch über deutsche Ackerfurchen aufgeschossen war, gebändigt wurde, daß auch die polnischen Landstriche sich an die Ordnung des neuen Lebens gewöhnten und daß Westpreußen in den Kriegen seit 1806 sich fast ebenso preußisch bewährte, als die alten Provinzen."

Ueber die Ortsnamen in Westpreußen.

(Nach Kattner: 7 Kapitel über die Ortsnamen in Westpreußen und Posen.)

„Ein sehr wesentlicher Unterschied besteht zwischen den deutschen Ansiedelungen und Pflanzstädten im ehemaligen Großpolen und in Westpreußen, welche bis zum 30jährigen Kriege entstanden und allerdings unter der wüsten polnischen Wirthschaft zum Theil bis auf den Namen wieder untergegangen sind einerseits, und denjenigen anderseits, welche erst der neuern Zeit, besonders der ersten Theilung Polens ihren Ursprung verdanken.

Seit dem Unterliegen der fränkischen und noch mehr der hohenstaufischen Kaiser in ihrem Kampfe mit der Macht der Hohenpriester in Rom verlor die deutsche Nation immer mehr und mehr den staatlichen Zusammenhang. Zugleich verkümmerte die angestammte Freiheit und fand nur theilweise in den Reichsstädten, mehr noch in den abgetretenen Gliedern, besonders in der Eidgenossenschaft und den Niederlanden, sowie in dem Freistaat Danzig eine Zuflucht.

Unter dem allgemeinen deutschen Nationaljammer litten und leiden die deutschen Interessen in den noch vorherrschend slavischen Landstrichen und leiden noch heute außerordentlich. Ohne Rückhalt am Mutterlande gingen unter der grenzenlosen Staatszerrüttung die vereinzelten deutschen Städte und Dorfschaften im ganzen eigentlichen Polen bis auf geringe Ueberbleibsel zu Grunde.

In Westpreußen ging es mit den Städten besser; außer dem mächtigen Danzig, welches wesentlich immer seine Unabhängigkeit von

Polen bewahrt hat, und den schwächern Schwestern wenigstens etwas als Stütze diente, haben bei weitem die meisten, wenn auch unter schweren Leiden bis 1772 ihren deutschen Charakter bewahrt.

Die vereinzelten deutschen Dörfer und Ansiedler auf dem Lande dagegen verloren mit wenigen Ausnahmen in den Kreisen Graudenz, Stuhm und Stargardt ihre Nationalität.

Der Adel, der zur Zeit, als sich das Land dem Schutze des Königs von Polen unterwarf, in der Mitte des 15. Jahrhunderts, ganz deutsch war, sagte sich im 16. und 17. wie von einer werthlosen Sache, von seiner Nationalität los und verrieth und verfolgte sie sogar.

Zu seinem alten deutschen Namen nahm er polnische an, welche alsbald allein oder hauptsächlich geführt wurden und noch geführt werden. So entstanden die Doppelnamen:

Götzendorf=Grabowski,
Rosenberg=Kruszinski,
Hutten=Czajeski,
Kalkstein=Oslowski,
Putkamer=Kleszczinski,
Lewald=Gorski,
Schafgotsch=Lochocki,
Rautenberg=Klinski u. a. m.

Andere deutsch=polnische Doppelnamen, deren Träger sich meistens kurzweg bei dem letzteren nennen lassen, weil er ihnen vielleicht vornehmer klingt, obwol sie häufig deutsch geblieben, sind durch Adels=ertheilung an bürgerliche Deutsche von Seiten des Königs von Polen im vorigen Jahrhundert zu erklären, z. B.

Hauffe=Gromadzinski,
Stein=Kaminski,
Stern=Gwiasdowski,
Hundt=Radowski.

Eine andere Art von Polonisirung fand im vergangenen Jahrhundert statt und kommt sogar noch heute vor, indem protestantische Deutsche zum Katholicismus übertraten oder auch ursprüngliche Katholiken hier einwanderten und polnische Frauen, gewöhnlich reiche Erbinnen, heiratheten. So entstanden Polen mit den Namen: von der Marwitz, von Wollschläger, von Wedelstädt, von Schlieben, von Platen, von Osten=Sacken, und zahlreiche Bürgerliche, welche meistens eine erstaunliche Erfindungsgabe bethätigten, um den Flecken ihrer deutschen

Abkunft durch polnische Schreibart, wenn nicht völlige Verunstaltung des Namens, auszumeißeln. Als Muster stehe hier die Verwandlung eines Dahlhäuser in einen Daljsier, eines Krauthofer in einen Krotowski, eines Ziegelmeier in einen Majorowicz.

Am meisten freilich findet diese Art von Polonisirung bei den niedrigsten, bei den besitzlosen Ständen und bei dem Auswurf unseres Volkes statt, der nach dem Osten einen viel größeren Zug hat, als nach dem Westen. So giebt es unter der arbeitenden Klasse in Westpreußen und Posen Polen mit folgenden Namen, deren Träger deutschen Ursprungs sind:

Wittkowski (Wittke); Nittunski (Nittke); Radowski (Radtke); Schlatowski (Schlatke); Lipkowski (Lipke); Ritzkowski (Radtke); Dalkowski (Dalke); Hermanski, Wesselowski (Wessel) und viele andere.

II. Westpreußen.

C. Regierungs=Bezirk Danzig.

Grenzen:

Im Norden die Ostsee, im Osten der Königsberger=, im Süden der Marienwerder=, und im Westen der Cösliner=Regierungsbezirk.

Die Größe

desselben beträgt 152¼ ☐Meilen mit 489,658 Bewohnern, darunter 13,000 Mennoniten. Zu ihm gehören 11 Städte, 3 Flecken und 1043 Dörfer.

Bodenoberfläche:

Die Oberfläche des genannten Regierungs=Bezirks bietet in den verschiedensten Gegenden die größte Mannigfaltigkeit dar, welche zunächst in dem Unterschiede zwischen der Höhe und dem Werder deutlich hervortritt. Der westliche Theil des Regierungs=Bezirks und der östliche Theil des Elbinger Kreises sind hügelig, beinahe bergig und werden Höhe genannt. Diese dehnt sich von der Pommerschen Grenze bis in die Nähe von Danzig, überhaupt bis an das Weichselthal aus. Die Höhenzüge dieses Landstrichs bestehen gewöhnlich aus mehreren parallelen Hügelreihen, welche zuweilen eine zusammengesetzte Hochebene bilden; öfters aber durch lange Thäler geöffnet werden, oder auch ganz unregelmäßig auseinanderlaufen. Die höchsten Punkte derselben sind schon genannt worden.

Auf diesen Höhenzügen finden sich vielfach eratische Blöcke, sogenannte Findlinge, welche wahrscheinlich von den Skandinavischen Gebirgen bei den gewaltigen Erdüberfluthungen auf Eisblöcken herangeschwommen kamen und hier abgesetzt wurden. Diese Blöcke ziehen sich in zwei Hauptlinien über die Höhe hin. Der erste Zug nimmt seinen Anfang auf dem Hochrücken Ottomin, südwestlich von Danzig, streicht von dort südlich, je nachdem das Terrain sich hochebenenartig gestaltet, den Dörfern Löblau und Wartsch im Danziger= und den Orten Demlin im Pr. Stargardter=Kreise vorbei. Von hier aus geht er nordwestlich bei Pr. Stargardt vorbei nach dem Dorfe Wisacka, biegt sich hier westlich und verliert sich in der Tuchler Haide. Unweit Stargardt enthält dieser Zug einen bedeutenden Reichthum an Kalk= steinen. Der zweite Hauptzug beginnt westlich von Danzig in den Bergen hinter Oliva, streicht der Ostseeküste entlang über Gr. Katz bis in die Gegend von Rheda, wendet sich von hier nach NW. bei dem Dorfe Schlabau im Neustädter Kreise, vorbei nach Pommern der Küste entlang. Während ein Theil des Berenter Kreises, namentlich der südliche von der Ferse nach Conitz und Pommern hin gelegen, ebenso der südliche Theil des Pr. Stargardter Kreises den sterilsten Sandboden zeigt, der sich kaum zur Ernährung von Kiefern eignet, während die bergigen Distrikte im Karthäuser= und Neustädter=Kreise wenig lohnende Erndten ihrer Kaltgründigkeit wegen bringen, findet sich dagegen auf der Höhe bei Danzig, wie im Pr. Stargardter Kreise bei Dirschau, namentlich nach Mewe hin, der üppigste und fruchtbarste Lehmboden. Dagegen ersetzen die von den Hügelreihen durchstrichenen Gegenden, namentlich im Karthäuser= und Neustädter=Kreise, durch ihre romantischen Ansichten, was ihnen an Ertragsfähigkeit abgeht, indem sie den Anblick anmuthigster, von Wäldern umschlossener, von Bächen und Flüssen durchschnittener Thäler und zahlreicher Landsee'n gewähren.

Eine ähnliche Höhengegend findet sich in dem östlichen Theile des Elbinger Kreises, die sich gegen den Elbing=Fluß und Drausen=See allmählich, gegen das frische Haff aber schroff, abdacht. Der höchste Punkt auf derselben ist der Königshagen, über 500' hoch. Auch dieser, zum Theil mit schönen Buchenwaldungen bedeckte Höhenzug, bietet, namentlich nach dem frischen Haff hin, viele durch Naturschön= heiten ausgezeichnete und daher häufig aufgesuchte Parthieen. Alle diese genannten Höhenzüge bestehen aus übereinander liegenden Schichten von Sand, Thon, Eisenerde, Steingerölle, worunter sich auch Kalk= steine finden. Auf ihrem Scheitel tragen sie öfter mächtige Torflager. Ganz verschieden von dem größten Theile der Höhengegenden sind die Niederungen in den Flußthälern der Weichsel und Nogat; sie enthalten fruchtbare Dammerde bis zu 5' Tiefe, zum Theil auf sandigem durch= lassendem Untergrunde; in den niedrig gelegenen Theilen guten Wiesen=

boden, der abwechselnd als Wiese und Acker benutzt werden kann. Der durchlassende Untergrund verleiht dem Boden seine große Fruchtbarkeit.

Die Theile des berühmten Niederunglandes sind:

1. Das große Marienburger Werder, zwischen Weichsel und Nogat; es enthält fast 10 ☐Meilen oder über 200,000 Morgen.

2. Das kleine Marienburger Werder, rechts an der Nogat belegen; es enthält 4½ ☐Meilen oder 96,000 Morgen.

3. Das Danziger Werder an der linken Seite der Weichsel, enthält 5½ ☐Meilen oder fast 123,000 Morgen.

4. Die Nehrung, die wiederum in drei Verbände getheilt ist:
    a. Die alte Binnennehrung mit 5,200 Morgen.
    b. Die neue Binnennehrung mit 8,500 Morgen.
    c. Das Stegener Werder mit 5,500 Morgen.

Eine auffallende Verschiedenheit zeigt sich in den Werdern selbst, man unterscheidet darin die höheren Theile und die eigentlichen Niederungen.

Während die ersten auf natürlichem Wege entwässert werden, geschieht dieses bei den letzteren durch künstliche Veranstaltungen, durch Schöpfwerke, welche durch Dampf oder Wind in Betrieb gesetzt werden.

Zum Regierungs-Bezirk Danzig gehört ferner die Halbinsel Hela, die 6 Meilen lang und 45—800° breit ist. Sie ist von der äußersten Spitze bis zum Dorfe Heisternest mit Kiefernwald bedeckt.

Das ganze Dünenterrain enthält fast 4,600 Morgen, wovon 500 Morgen mit Wald bedeckt sind. Die Dünen auf der Nehrung sind 9½ Meilen lang und enthalten über 16,000 Morgen Bodenfläche.

Man theilt die zum Regierungs-Bezirk Danzig gehörende Nehrung in 3 Sectionen.

Section I. zwischen der Weichselmündung und dem alten Damm.

Section II. zwischen dem alten Damm und Kahlberg.

Section III. zwischen Kahlberg und der Ostpreußischen Grenze.

Den losen Dünensand auf der Nehrung hat man durch Anpflanzen von Sandgräsern fest zu machen versucht. Große Verdienste darum hat sich ein Danziger Bürger, Björn, erworben. Nachdem diese Arbeiten guten Erfolg zeigten, bepflanzte man die erste und zweite Section und hat so gegen 5000 Morgen Wald gewonnen. Die Ausgaben dafür betragen fast 250,000 Thaler.

Seit 1818 ist der Regierungsbezirk in 8 Kreise getheilt.

I. Kreis Berent mit 22½ ☐Meilen und 40,863 Bewohnern. 13 Kirchspiele und 69 Schulen. Darin:

1. Berent an der Ferse mit 3683 Einwohnern in unfruchtbarer, öder Gegend; am Ende des 15. Jahrhunderts gegründet.

2. Schöneck, ein kleines Städtchen mit 2593 Einwohnern, an der Ferse; die Umgegend Schöneck's ist sehr bergig. Früher ein Ordensschloß daselbst.

Hier ist eine evangelische Kirche in 24 Stunden gebaut worden, die fertig aus Danzig dorthin gebracht wurde, aus Furcht vor dem Widerstande der Katholiken.

II. Kreis Carthaus mit 24 ☐ Meilen und 54,000 Bewohnern. 14 Kirchspiele und 68 Schulen. Darin:

1. **Carthaus**, Kreisort mit 1584 Einwohnern in hoher, waldbedeckter Gegend. Das Carthäuser Mönchskloster, das einzige in seiner Art in Preußen, Marienparadies, wurde 1823 aufgehoben.

2. **Zukau** oder Sukau, ein großes Kirchdorf an der Radaune. Früher bestand darin ein großes Nonnenkloster, dessen Landbesitz sich bis an die Feldmark Danzigs hin erstreckte.

III. Kreis Danzig mit 32 ☐ Meilen, darauf 78,131 Bewohner. 21 Kirchspiele und 93 Schulen.

Danzig, poln. Gdansk, „die wackere, große See= und Handelsstadt", lateinisch Gedanum. Ihre Gründung soll sie Gothen im 6. Jahrhundert verdanken. 995 wurde sie die Hauptstadt Pommerellens. 1309 fiel sie dem Orden zu. Der Handel blühte mächtig auf. Die Stadt wurde eine Hansastadt, und war der Vorort des vierten oder Preußischen Quartiers der Hansa. 1454 schloß sich Danzig dem Städtebund (gegen den Orden) an, 1456 mißlang des Syndikus Rogge Versuch, die Stadt wieder dem Orden zu übergeben, er büßte sein Wagen mit dem Tode. Des Seifensieders Koch ähnlicher Versuch, mißlang ebenfalls 1462; 1466 wurde Danzig polnisch. Die Reformation fand frühe Eingang durch den Reformator Klemm. Der Stadt Wohlstand. litt sehr im nordischen Kriege. 1733 wurde Danzig im polnischen Erbfolgekriege durch die Russen bombardirt, wobei 1300 Häuser zerstört wurden. 1772 durch Preußen bedrängt und seines Handels beraubt, in Folge dessen seine Bewohnerzahl von 80,000 auf 36,000 fiel, ergab es sich 1793 an Preußen. Trotz tapferer Vertheidigung mußte Kalkreuth „wegen mangelnder Munition und fehlenden Mundvorraths" die Stadt den Franzosen übergeben. In Folge dessen erhob Napoleon die Stadt mit einem Gebiet von 15½ ☐ Meilen zum Freistaate; der aber nie unfreier sein konnte, als unter diesem Titel. Die Franzosen befestigten Danzig noch stärker durch die Ausrüstung des Hagelsberges. Die Preußen und Russen nahmen am 29. December 1813 Danzig wieder ein, das 1815 Friedrich Wilhelm III. huldigte. Unter Preußens Regiment nahm der Handel Danzig's einen mächtigen Aufschwung. Die Lage Danzig's ist so schön, daß A. v. Humboldt die Stadt einmal das nordische Neapel genannt hat.

Danzig liegt 1 Meile von der Ostsee, die Mottlau, welche die Radaune aufnimmt, durchfließt die Stadt und theilt dieselbe in 2 ungleiche Theile.

Die Haupttheile Danzig's sind:

1. Die Rechtstadt mit dem Rathhause, dessen Thurm ein schönes Glockenspiel trägt, und dem Artushof. In ihr prangt die hehre Marienkirche, das viert größte Gotteshaus der Christenheit. Zu seinen größten Schätzen gehört „das jüngste Gericht", also daß kein Maler zu finden, der es nachmalen, oder

solche gleichsam lebende Farben zurichten könne; und soll es ein Schiffsmann in der See gefunden haben."

2. Die Vorstadt mit dem Bahnhof und dem schönen Gymnasium.

3. Die Niederstadt mit Militair=Werkstätten.

4. Die Speicherinsel. Gegen 200 Magazine bilden dieselbe, früher wurde sie von grimmigen Hunden bewacht, jetzt verrichten diesen Dienst mehr denn 60 Wächter.

5. Der Langgarten, hier befinden sich mehrere schöne Gärten, die sonst in Danzig selten zu finden sind, und das Gouvernementshaus, in dem einst Kalkreuth, dann der französische General Rapp, ja selbst Napoleon einige Tage wohnten.

6. Die Altstadt mit der großen Mühle, die früher der Stadt in jeder Stunde einen Dukaten einbrachte.

7. Die äußere Stadt. Dicht daneben liegt Stolzenberg. 1806 wurde dieser Stadttheil total zerstört; durch ein Thal davon geschieden liegt das russische Grab. Bei einem nächtlichen Sturme 1734 auf den Hagelsberg (ein Theil der Festungswerke Danzigs) fielen 4000 Mann Russen, die hier auch zum größten Theile verscharrt wurden. Daran grenzt der Militairkirchhof in wunderschöner Lage. Mit einem Aufwande von gegen 3 Millionen Thalern schuf Napoleon diesen Berg zu Festungswerken um, die nachher unter preußischer Herrschaft noch bedeutend verstärkt wurden. Am Fuße dieses Hügels ist das Reich des Todes, hier liegen die schönsten Kirchhöfe Danzig's. Auf einem derselben, dem heiligen Leichnam=Kirchhof, verkündigte schon 1522 der Danziger Reformator Finckenblock die neue Lehre Luther's. Außerdem hat Danzig noch einige Vorstädte, die von ihm entfernter liegen, so St. Albrecht im Süden, Alt=Schottland mit Ohra, Schidlitz und Langfuhr mit herrlicher Lindenallee im Norden, und Neu=Schottland im Nordwesten der Stadt.

Danzig hat neben Nürnberg und einigen Städten am Rhein den Charakter einer altdeutschen Stadt am besten bewahrt. Die Straßen sind enge, ohne Bürgersteig; die Häuser stehen meistens mit ihrem Giebelende der Straße zugekehrt, haben oft noch den sogenannten Beischlag und zeigen reiche und schöne Verzierungen. Helle, glänzende Fensterscheiben lassen das Tageslicht in das Innere der Häuser hineinfallen. Der Kirchenreichthum Danzigs ist bedeutend (21). 1 Gymnasium. Der Gewerbefleiß der Stadt ist nicht gering. Besonders sind seine Branntweine und Liqueure, das Danziger Goldwasser, berühmt. Der Handel ist bedeutend. Hauptausfuhr=Artikel sind Getreide, vornehmlich Weizen, Holz (aus Polen) und Branntwein.

Die Festung ist eine der stärksten des preußischen Staates. Das 1 Meile davon entfernte Weichselmünde vertheidigt den Ausfluß der Weichsel.

Eine bedeutende Zahl von Schulen und gelehrten Gesellschaften sorgen für Bildung, Wissenschaft und Kunst. Gelehrte Männer wie: Fahrenheit, Chodowiecki, Schlüter, Hevelius, v. Archenholz und der Maler Hildebrand sind hier geboren, Opitz v. Boberfeld liegt darin begraben.

Westlich von der Weichsel liegt der Casper=See, welcher einst an Federwild sehr reich war. Napoleon wollte ihn zum Kriegshafen ausgraben lassen; eine ähnliche Bestimmung dachte ihm in neuester Zeit unsere Regierung zu, doch sind die Kosten dafür zu enorm.

Die Szerapke ist ein Lagerplatz für das polnische Getreide, das auf ihm ausgebreitet und nochmals gereinigt wird. Hier gewähren die polnischen Flissen oder Dschimken ein ähnliches Bild, wie ihre Brüder in Königsberg. Danzigs Handel ist bedeutend. 1865 waren eingekommen 2533, und ausgegangen 2527 Schiffe. Anfangs dieses Jahres besaß Danzig 123 Segel= und 3 Dampf=schiffe, außerdem 10 Flußdampfer. 9 Schiffe waren im Bau begriffen. Aus=geführt sind 1864 (ein dem Handel Danzigs ungünstiges Jahr): 62,493 Last Weizen, 29,951 Last Roggen, 185,859 fichtene Balken, 537 Masten, 193,860 Dielen, 803,901 Sleepers, 4716 Schock Schiffsnägel und Keile, 16,414 Ctr. gepökeltes Fleisch und 291,305 Matten, andere Ausfuhrartikel nicht gerechnet.

Orte, die von Danzig aus gerne und oft besucht werden, sind:

1. Heubude, dicht bei Neufähr.

2. Ohra, Jäschkenthal und der Seebadeort Zoppot, der für Danzig etwa die Bedeutung hat, wie Cranz für Königsberg.

3. Oliva, ein Marktflecken, der besonders an Sonn= und Feiertagen häufig besucht wird. 1170 soll hier die Cistercienser=Abtei gegründet worden sein, die bald sehr reich und angesehen wurde. 1772 wurden die Klostergüter zu Domainen umgewandelt und nur die Hälfte ihrer Einkünfte zur Unterhaltung der Stiftung ausgesetzt. 1820 erfolgte die gänzliche Aufhebung des Ordens in dem Kloster. Die Tracht der Mönche war weiß und mußte rein erhalten werden. Christian, ein Mönch aus diesem Kloster, nachheriger erster Bischof von Preußen, gab dem Herzoge Conrad von Masowien den Rath, den deutschen Ritterorden nach Preußen zu rufen. Der schöne Bau des Klosters ist nur noch theilweise erhalten; in dem schönen Eingange zur Kirche ist eine schwarze Marmortafel eingemauert, mit der Inschrift: „Der 3. Mai 1660."

Der Garten des ehemaligen Klosters ist vielleicht der schönste der ganzen Provinz. Durch eigenthümliches Verschneiden der Hecken des Hauptweges wird dem Besucher eine optische Täuschung bereitet, die nämlich, daß die See bis dicht an den Garten zu reichen scheint, während sie doch ½ Meile davon ent=fernt liegt. Von dem dicht bei Oliva liegenden Karlsberge hat man die herrlichste Rundschau. Auf der Rhede von Danzig ankern oft die schmucken Schiffe unserer jungen Marine; doch sind in den letztverflossenen Monaten die Uebungsschiffe und Arbeitswerkstätten nach Kiel verlegt, das bald ein allgemein anerkannter preußischer Hafen sein möge!

IV. Danzig (Landkreis) mit 23 ☐ Meilen, darauf 72,608 Be=wohner. Darin keine Städte, nur 33 meist reiche Kirchspiele und 113 Schulen.

Die vorhergenannten bei Danzig liegenden Orte gehören zu diesem Kreise.

V. **Kreis Elbing** mit 10 ☐ Meilen und 63,843 Bewohnern. Scheidet sich in Niederung und Höhe. 17 Kirchspiele und 83 Schulen.

1. **Elbing** am Elbing, dem Abfluß des Drausensee's mit 27,081 Einwohnern, darunter über 20,000 Evangelische und mehr denn 5000 Katholiken. Seinen Namen hat Elbing wahrscheinlich von dem Flusse (von Alb, Alf, Elb, Elbing-Flüßchen). 1237 wurde es von dem Orden in der Nähe des altpreußischen Handelsortes Truso gegründet. Deutsche Einwanderer, Handwerker und Kaufleute aus Lübeck, Bremen und Hamburg siedelten sich in Elbing an. Schon 50 Jahre darauf war Elbing ein mächtiges und reiches Glied der Hansa. Der Orden verlieh den Bürgern das lübische Recht und machte Elbing dadurch zu einer freien Stadt, die in ihrer Verwaltung und Rechtspflege vom Hochmeister fast unabhängig war. Durch Schenkungen an Grundbesitz (7 ☐ Meilen) wurde die Stadt sehr reich und hielt auf Gothland einen eigenen Voigt, der ihren Vortheil am Heeringsfange wahren mußte. 1454 sagte sich Elbing sammt den meisten anderen Städten vom Orden los, dessen Ritter die herrliche Burg bald darauf aufgaben, die alsdann von dem wüthenden Pöbelhaufen leider — zerstört wurde. Kasimir IV., König von Polen, ertheilte der Stadt 1457 alle Gerechtsame und Besitzungen, die sie früher besessen hatte. Alle Leiden, von denen Polen heimgesucht wurde, mußte Elbing mit aushalten. Gustav Adolph eroberte die Stadt 1626 und die Schweden hielten sie 9 Jahre lang besetzt.

In dem nordischen Kriege kamen sogar die Russen unter Peter dem Großen nach Elbing, der die Schweden daraus vertrieb. Ihre Besuche wiederholten sie in den Jahren 1734, 1758—63, bis endlich 1772 die Preußen ihnen hoffentlich das Wiederkommen als Feinde auf immer gelegt haben. Die freie Stadt Elbing wurde damals von vier Bürgermeistern regiert, von denen einer seiner wenigen Amtsgeschäfte wegen, der „schlafende Bürgermeister" genannt wurde. Auf Kosten Danzig's, dem von „Amtswegen" jeder erdenkliche Schaden zugefügt wurde, hob sich Elbing's Handel, der schon ganz darniederlag, mächtig und nur durch die schrecklichen Jahre der französischen Herrschaft konnte er geknickt werden und hat sich aber dann nie wieder zur alten Blüthe emporgehoben. Elbing's Speicherstadt ist nun öde und leer, dagegen wächst seine Industrie mächtig, denn 49 verschiedene Fabriken erzeugen Maschinen, Tabacks waaren, Branntweine, Metall- und Weberarbeiten. Wie Danzig eine thurmreiche Stadt ist, so ist Elbing eine thurmarme. Die Stadt hat blühende Schulanstalten, darunter ein Gymnasium und eine Realschule. Ein riesiger Kranz frischen Grüns schließt die Stadt ein. Nach einer Seite hin erhebt sich in der Nähe Elbings ein Theil des großen Höhenzuges mit wunderschönen Parthieen, nach der andern dehnt sich das unabsehbare Wiesenland aus, in dem, wie ein riesiger Spiegel, der Drausen-See liegt, eingerahmt von einem dichten Rohr-, Schilf- und Binsen-Kranze. Die Straßen der Stadt sind freundlich und reinlich; viele Häuser zeigen noch die, auch in andern kleinern Städten häufig vorkom-

menden Beischläge, Lauben genannt. Zahlreiche Baum= und Strauch=An=
pflanzungen geben der Stadt einen Ausdruck idyllischer Stille und Nettigkeit.
Die seichten Nogatmündungen bergen viele Neunaugen, die von Elbing aus
ihren Weg, selbst bis zu den Küsten des adriatischen Meeres finden. Im
Herbste werden zu Hunderttausenden die Drosseln in der Umgegend gefangen,
die ebenfalls einen bedeutenden Handelsartikel ausmachen.

Die Stadt hat 5 Haupttheile: Altstadt, Neustadt, Speicherinsel, 3 innere
und 11 äußere Vorstädte. Elbing ist der Geburtsort des Professors Achenwall,
des Begründers der Statistik (geb. 1719, † 1772). Die Stadt ist reich an
milden Stiftungen, worunter besonders die des reichen Engländers Richard
Cowle (1755—1810) in Segen wirket.

Die bedeutendste Kirche Elbings ist die katholische Nicolai=Kirche, die von
verschiedenen Gewittern arg mitgenommen worden ist.

Die Umgegend entzückt den Naturfreund und lockt viele Besucher dorthin.
Herrliche Eichen= und Buchenwälder bedecken mit ihren kräftigen Kronen die
hohen steilen Ränder der Schluchten und begleiten in der Tiefe die kleinen ge=
schwätzigen, murmelnden Bäche bis zu ihrem Austritt in's freie, ebene Land.
Saftige Laubmassen hüllen Berg und Thal in stille Einsamkeit, sie breiten
köstliche, schattige Frische über den Steg des Wanderers, bieten entzückende
Waldbilder und rahmen die heitern Fernsichten der einzelnen Höhenpunkte in
ihr dunkles frisches Grün. Längst hätte vielleicht die steigende Cultur auch
dort oben der Scholle ihren Tribut abgefordert, üppige Getreidefelder, scharf=
gefurchter Kartoffelacker und goldig blühende Rübsen wären an die Stelle des
kühlen, duftigen Waldes getreten, wenn nicht, mit kaum merkbaren Ausnahmen,
das ganze Gebiet dieses Hügellandes aus mäßig großen, wohlhabenden Be=
sitzern angehörigen Gütern bestände, deren Eigenthümer ebenso sehr die Annehm=
lichkeiten der Lage als die Ertragsfähigkeit in Anschlag bringen. Die Güter
heißen „freie Bürgerhöfe", sie sind als mit besonderen Vorrechten ausgestatteter
Besitz vom Orden an seine Günstlinge, Angehörigen, auch an solche, die ihm
Dienste geleistet hatten, gegeben, einige auch vom Elbinger Rath für Verdienste
um die Stadt verliehen worden; sie bekamen von Preußen die Rechte der
Rittergüter bestätigt. „Die Elbinger Umgegend ist weniger ausgezeichnet durch
einzelne bestimmte Punkte von hervorragender Schönheit, die den Fremden in
Staunen versetzen und ihren Ruhm weit durch alle Lande tragen, wie es z. B.
mit der Danzig's der Fall ist, sie scheint vielmehr ein unbegrenzter Garten mit
saftig frischer, lachender Anmuth ausgestattet, welcher erst dem dauernden Besitze
oder der intimen Bekanntschaft die ganze Fülle seiner Reize enthüllt." Mit
jedem Jahre wächst Elbing's Holzhandel; Elbing's Rheder besitzen 11 Segel=
und 15 Dampfschiffe. Die gesammte Stromschifffahrt führte 3115 Fahrzeuge
nach Elbing, 2515 gingen aus. (Im Jahre 1865.)

Vielbesuchte Vergnügungsorte in der Nähe Elbing's sind:

Vogelsang, Weingrundforst und Dambitzen. Cadienen und der Seebadeort
Kahlberg. Cadienen in romantischer Gegend mit einem nun der Zerstörung

anheimgefallenen Bernhardiner-Kloster; westlich davon, bei dem Sitze des Land-raths, Pantlau mit prächtigem Buchenwald: „Den heiligen Hallen Preußens."
Zwischen Pantlau und Frauenburg liegt das Städtchen

2. Tolkemit mit 2744 Einwohnern; im 14. Jahrhundert zur Stadt er-hoben. Tolkemit wird von vielen Töpfern bewohnt, daher könnte es die „Töpferstadt" Preußens genannt werden. Der Volkswitz weiß von dem Städtchen Manches zu melden.

VI. Kreis Marienburg mit 14 ☐ Meilen und 58,048 Bewohnern. 42 Kirchspiele und 130 Schulen.

1. **Marienburg** an der Nogat mit 8,013 Einwohnern. Marienburg war früher (1309—1454) die hochberühmte Hochmeister-Residenz, durch Conrad v. Thierberg auf dem hohen Nogatufer begründet, von den folgenden Hoch-meistern erweitert und vollendet. Der Stolz der Stadt und des Vaterlandes ist die ehrwürdige Burg, „gleichsam des deutschen Ordens Verkörperung in Stein: fürstliches Schloß, Festung und Gotteshaus zugleich, ernst, streng und kühn." 1350 stiftet hier Winrich v. Kniprode eine Academie für Theologie und Rechtswissenschaft. Dieser Hochmeister sagte: „An Schätzen und Reich-thum würde es dem Orden wol niemals fehlen; aber dafür müsse man sorgen, daß es ihm auch nie an einsichtsvollen Männern fehle, um des Landes Regierung zu handhaben." Ein damaliges Sprüchwort sagte: „Bist du klug, so betreug die deutschen Herren."

Die Alten zählten Marienburg zu den 3 herrlichsten Schlössern der Christenheit (Margenburg oder Marienburg, Ofen und Mailand). 1457 nahmen die Polen Besitz von dem Schlosse, das trotz der aufopfernden Treue des Bürgermeisters Bartholomäus Blume, dem Orden nicht wiedergewonnen werden konnte. Als ihn die Polen aufforderten die Stadt zu übergeben, ant-wortete er in Gegenwart der ganzen Bürgerschaft: „Wir sind mit nichten allein des Meisters, wir sind des ganzen Ordens, dem wir auch Treue geschworen haben. Und so lange der Geringste des Ordens in diesem Lande noch an-wesend ist, so lange können wir keinem andern Herrn den Eid der Treue schwören. Eher sind wir bereit, in den Tod zu gehen." Ein einfacher in Pyramidenform ausgeführter Denkstein von 18' Höhe aus hellrothem, thürin-gischem Sandsteine gearbeitet, ist dem Andenken dieses Mannes 1864 gewidmet; die vordere Seite des Mittelsteines trägt die Inschrift: „dem Andenken des Bürgermeisters Bartholomäus Blume, gestorben den 8. August 1460." Die nördliche Seite: „Dem kühnen und treuen Kämpfer für deutsches Recht und deutsche Herrschaft wider fremde Willkühr und Landesverrath." Die süd-liche: „Zum vierhundertjährigen Todestage des für seine Gesinnungstreue geopferten Mannes die Stadt Marienburg 8. August 1860." 1772 kamen Stadt und Schloß wieder an Preußen. Doch erstand der Wunderbau aus Schutt und Verunstaltung erst in den Jahren 1817 1820, wobei der Kunst-sinn unseres edlen, nun verewigten Königs Friedrich Wilhelm IV. und die Stände, Städte und Kreise der Provinz vereint wirkten, „die Vergessene" und

„Beschimpfte" wieder zu Ehren zu bringen. Die Burg besteht aus zwei Vierecken; das älteste Hochschloß liegt der Stadt zugewendet; das vierstöcige Mittelschloß, der schönste und großartigste Theil, war des Meisters Residenz. Alle Räume, durch alle Stockwerke sind gewölbt. Der prachtvollste Raum darin ist der große Remter, ein 140' langer, 70' breiter und 32' hoher Saal, dessen Decke von einem einzigen 1½' dicken Granitpfeiler getragen wird. Das Kamingesims trägt eine eingemauerte Steinkugel zum Andenken an den bübischen Verrath, der den Tod aller versammelten Ordensgebietiger bezweckte, die man unter den Trümmern des Baues zu begraben gedachte. In ihm sieht man auf zwei Glasbildern, von dem Königsberger und Marienwerder Kreise gestiftet, einen Ordensritter mit der Unterschrift: „Dargeboten wird dir Brod und Wasser und ein altes Kleid für das Kreuz. Vor Acre im November 1190", und einen Landwehrmann mit der Unterschrift: „Gott und dem Könige treu. Auf dem Landtage zu Königsberg 1813." Der kleine Remter nun mit prachtvollen Fenstern geziert, war der Speisesaal der Ritter. Einfach und würdig war des Meisters bescheidene Wohnung. Alle Räume der Burg wurden vermittelst eines Röhrensystems durch erwärmte Luft geheizt. An der Schwelle der Kapelle des Meisters empfing Werner v. Orseln den Todesstoß von Mörderhand. Unter der Marienkapelle befindet sich die Gruft der Hochmeister, die St. Annenkapelle. In einer der äußeren Wandnischen der Marienkapelle thront die Gyps-Bildsäule Maria's, der Schutzheiligen des Ordens, in 29' hoher Figur mit einem 8' hohen Christusknaben im Arme. Durch kleine farbige Glasstückchen, die in den Gyps gedrückt sind, ist das Kleid angedeutet. „Ein schönes Bild ist es nicht, man sieht in ihr nur die strenge, unnahbare Himmelskönigin, nicht die jungfräuliche Gottesmutter." Die neueste Zeit hat ein Gegenstück zu der hehren Burg in einem herrlichen Bauwerke, der prächtigen Eisenbahnbrücke, hinzugefügt. Es ist eine Gitterbrücke von 890½' Länge. Die Landpfeiler sind zu Festungswerken eingerichtet, ein einziger Brückenpfeiler steht im Strome, die beiden Durchlässe der Brücke sind je 312' weit. Thürme und Portale sind in reichstem gothischen Schmuck aufgeführt und entsprechen so dem Bau der Marienburg.

Die Stadt hat ein Gymnasium und ein Schullehrer-Seminar. Die Franzosen schändeten auch auch hier ihr Andenken durch Plünderung der Särge in der Gruft des Schloßes.

2. **Neuteich** an der Schwente mit 1719 Einwohnern, soll 1328 vom Orden gegründet sein.

3. **Tiegenhof** an der Tiege, mit 2666 Einwohnern. Der Handel des Städtchens ist recht lebhaft.

VII. **Kreis Neustadt** mit 26 ☐ Meilen und 58,277 Bewohnern. 22 Kirchspiele und 86 Schulen.

1. **Neustadt** vom Bialaflüßchen durchflossen, mit 3491 Einwohnern. Die Lage Neustadt's ist sehr freundlich. Als Wallfahrtsort ist es ein recht wohlhabender Ort. 1 Gymnasium.

In den Hügeln der Umgegend grub man früher mit Erfolg nach Bernstein.

2. **Putzig** am kleinen Plusnitzflüßchen, das in das Putziger Wiek mündet, hat 2357 Einwohner, die sich mit Fischerei, Brauerei und Holzhandel beschäftigen. Seine Gründung soll durch den pommerschen Fürsten Bugislaus 1145 geschehen sein.

3. **Hela** auf der Landzunge gleichen Namens. Darin wohnen 372 Menschen, meist Fischer und Schiffer. Das Alter Hela's ist gewiß sehr bedeutend, ein Stein des Kirchthurmes trägt die Jahreszahl 1142. Leider soll dort der Branntwein die Herrschaft führen. Die kleinen kajütenartigen Häuser sind von kostbarster Bauart, indem dieselben meistens von Schiffstrümmern aller Art zusammengestapelt sind. Auf der äußersten Landspitze ist 1825 ein Leuchtthurm mit einem Blinkfeuer erbaut.

4. Der Seebadeort **Zoppot** früher **Czoppot**, d. h. „unter dem Berge," Seit 1823 ist das Dorf als Badeort in Aufnahme gekommen, und der Besuch, namentlich von Polen, sehr bedeutend. In der Nähe liegt wunderschön die Thalmühle.

VIII. Kreis Pr. Stargardt mit 25 ☐ Meilen und 63,800 Bewohnern. 20 Kirchspiele und 103 Schulen.

1. **Pr. Stargardt** an der Ferse mit 5104 Einwohnern. Ein freundliches, meistens von Evangelischen bewohntes Städtchen.

2. **Dirschau** auf hohem Weichselufer, bewohnt von 6375 Einwohnern. 1260 wurde Dirschau schon eine Stadt, die in allen Kriegsläuften große Drangsale auszustehen gehabt hat. Weltberühmt ist sie durch die Eisenbahn-Gitterbrücke geworden, welche über 3 Millionen Thaler gekostet hat. 1851 wurde der Grundstein dazu gelegt. Ihre Länge beträgt 2668', ihre Breite 60'. 7 Pfeiler, von denen nur 2 im eigentlichen Strombette stehen, tragen den stattlichen Bau, der 1856 dem Verkehr übergeben wurde. Die Brücke ist zu Vertheidigungszwecken eingerichtet. Wunderschön sind ihre Portale und der in nächster Nähe stehende prachtvolle Bahnhof. R. Forster, der berühmte Weltumsegler, ist in Dirschau 1729 geboren.

3. **Pelplin** an der Ferse und Ostbahn. Die prächtige Abtei und das Cistercienser-Kloster mit gleichnamigem Dorfe. Das Kloster ist 1258 gegründet und hat reiche Einkünfte. Seit 1824 ist es ein katholisches Prediger-Seminar.

———

Reihenfolge der Städte und Marktflecken des Regierungsbezirks nach ihrer Bewohnerzahl:

1. Danzig. 2. Elbing. 3. Marienburg. 4. Dirschau. 5. Stargardt. 6. Berent. 7. Neustadt. 8. Tollemit. 9. Schöneck. 10 Putzig. 11. Neuteich. 12. Hela.

II. Westpreußen.

D. Regierungs=Bezirk Marienwerder.

Dieser Regierungs=Bezirk enthält 319½ ☐Meilen, worauf 743,714 Bewohner in 43 Städten, 2 Marktflecken und 1457 Dörfern leben, darunter 316,000 Katholiken, 22,000 Juden, 4000 Mennoniten und die andern Evangelische. Er zerfällt in 13 Kreise. In ihm sind 264 Kirchspiele und 1120 Schulen. Fertig oder im Bau begriffen sind 204 Meilen Chausseen.

Dieser Regierungs=Bezirk zeigt in seiner Beschaffenheit die größten Gegensätze. Die Weichselgegend, Marienwerder'sche Niederung, ist einem großen fruchtbaren Garten zu vergleichen, der ertragreiches Getreide, schönes Obst und reiche Futterkräuter hervorbringt. Große wohlgenährte Viehheerden weiden dort, und der Landbau giebt reichen Ertrag. Große zusammenhängende Dörfer werden weniger, denn sonst wo angetroffen, dagegen viele einzelne Gehöfte, welche oft von Baum= gruppen malerisch umrahmt werden. Die Wiesen werden von Weiden= büschen eingefaßt, die als Nutz= und Brennstrauch verbraucht werden. Dagegen findet man auch wieder kümmerliche und öde aussehende Strecken, in denen kaum die Kiefer die nöthige Nahrung findet. Eine solche ungeheure Fläche ist die Tuchler Haide, wol 6 ☐Meilen groß, sie ist eine sich nach N. abflachende Terrasse. Der geringe Fall der= selben macht, daß die meisten atmosphärischen Niederschläge sich in Brüchen und Sümpfen aufsammeln, die wol 20 bis 100,000 Morgen groß sind. Der sogenannte Königsbruch enthält 20,000 Morgen; er ist ein riesiger Sumpf, der keinen sichtbaren Zufluß zeigt. Lehm ist dort selten zu finden, wol aber von Wasser gesättigter Quellsand, der die Oberfläche bildet, doch aber so kalten Untergrund hat, daß die Pflanzen darauf kein Gedeihen zeigen. Die Melioration könnte vielleicht hier viel helfen, doch fehlt es an Mitteln. Wie schon anderswo gesagt ist, sind einige tausend Morgen der Tuchler Haide meliorirt, doch stehen Auslage und Ertrag in schlechtem Verhältniß.

Die Kreiseintheilung des Regierungs=Bezirks stammt aus dem Jahre 1818.

I. **Kreis Conitz** mit 41²/₃ ☐Meilen und 65,913 Bewohnern. 21 Kirchspiele und 88 Schulen.

1. **Conitz** zwischen Mönch= und Ziegel=See, im schönen Thale. Früher des Ordens stärkste Festung mit 6238 Einwohnern (Pforte des Ordens gegen Deutschland). Sieg des Ordens über die Polen 1454. 1 katholisches Gymnasium. Geburtsstadt von Mathäus v. Wolf, J. D. Titius und Leß — berühmte Gelehrte. Bedeutende Tuchfabrikation.

2. **Tuchel** in der Tuchelschen Haide, unweit der Brahe mit 2579 Einwohnern. Berühmtes altes Schloß. In der Nähe das Nonnenkloster Bréslawed.

II. **Kreis Culm** mit 16¹/₄ ☐Meilen und 50,773 Bewohnern. 23 Kirchspiele und 72 Schulen.

1. **Culm** (polnisch Chelmno, lateinisch Culma) an der Weichsel auf hohem Flußufer mit 7617 Einwohnern, vielleicht die älteste Stadt Preußens. 1222 gründete Herzog Conrad von Masowien das erste Preußische Bisthum. 1233 erhält die Stadt vom Orden das Hauptprivilegium, die kulmische Handfeste. 1244 vertheidigten die Frauen die Stadt mit großer Tapferkeit erfolgreich. Friedrich der Große wurde ihr großer Wohlthäter. Das Kadettenhaus gründete er 1775, gegenwärtig mit 125 Zöglingen und 30 Pensionären. Culm ist eine regelmäßig gebaute, freundliche Stadt, der Orden hatte eine Art Hochschule darin. 2 katholische Gymnasien. In der Nähe der Reusen See, Schlachtfeld 1214. - Dietrich von Bernheim und Berlewin. Etwas landeinwärts liegt die Engelsburg, in der Ludolph, König von Waitzau, von der Schwermuth genas und Heinrich von Plauen nach der Vertheidigung des Landes sein Leben beschloß. Nördlich von Culm an der Weichsel liegt auf hohem Bergkegel das reizende Sartowitz, der herrlichst gelegene Ort an dem mächtigen Strome. Bedeutende Zucht von Ananas. Hier, wo einst Swantopolk's Burg stand, schaut jetzt die Kapelle der heil. Barbara, der Schutzpatronin der Weichselschiffer, weit ins Land.

2. **Briesen** am Friedek=See, in sandiger Gegend mit 3367 Einwohnern. 1311 erbaut.

III. **Kreis Deutsch Crone** mit 39 ☐Meilen und 63,218 Bewohnern. 22 Kirchspiele und 105 Schulen.

1. **Deutsch Crone**, früher Arens=Crone, zwischen dem fischreichen tronschen Amts= und dem Radunsee mit 6051 Einwohnern. 1 Gymnasium.

2. **Märkisch Friedland** im fruchtbaren Thale mit 2596 Einwohnern, von denen die meisten Juden sind.

3. **Jastrow** in sandiger Gegend nahe der pommerschen Grenze mit 4445 Einwohnern.

4. **Schloppe** in öder Gegend mit 2025 Einwohnern.

5. **Tütz** zwischen 3 kleinen See'n im sandigen Thale mit 1856 Einwohnern.

IV. **Kreis Flatow** mit 28 ☐Meilen und 60,677 Bewohnern. 19 Kirchspiele und 106 Schulen.

1. **Flatow** (sprich: Flato) zwischen 3 See'n, in fruchtbarer Gegend mit 3172 Einwohnern. Darunter viele Juden. 1 Schloß im Flatow-See.

2. **Krojanke** am Gumenbache in fruchtbarer Ebene mit 3245 Einwohnern. Darunter ⅓ Juden.

3. **Zempelburg** an der Sempolna, ein gewerbtreibendes Städtchen mit 3288 Einwohnern.

4. **Vandsburg** an einem See, mit 1627 Einwohnern.

5. **Cammin** an der Kamionka mit 1631 Einwohnern.

V. **Kreis Graudenz** mit 15¾ ☐Meilen und 53,754 Bewohnern. 17 Kirchspiele und 83 Schulen. -

1. **Graudenz** an der Weichsel, „ein feines Städtlein" mit 10,567 Einwohnern, in einer an Naturschönheiten reichen Gegend. 1299 wurde die Stadt nach deutscher Weise aufgebaut. Darin eine Besserungs-Anstalt für Vagabonden mit der Aufschrift: „Zur Reue und Besserung." Der Kanal Trinke (Tränke) hilft die Stadt mit Wasser versorgen. Lebhafter Handel. Katholisches Schullehrer-Seminar. ¼ Meile davon die Festung Graudenz, von Friedrich II. angelegt (1776). Mannhafte Vertheidigung durch v. Courbiere. Sein Leibwort: „Nun müssen wir präcise ausrücken!" „Wohlan, so will ich König von Graudenz sein!" Sein Denkmal mit der Inschrift: „Wilhelm Reinhard de l'Homme de Courbiere, Königlich Preußischer General-Feldmarschall und Gouverneur von Graudenz, geb. den 23. Februar 1733, † den 23. Julius 1811. Ihm, dem unerschütterlichen Krieger verdankt König und Staat die Erhaltung dieser Feste."

2. **Lessen** ganz von Wasser umgeben mit 2187 Einwohnern.

3. **Rheden** am kleinen See mit altem Schloß. 1692 Einwohner.

VI. **Kreis Löbau**, mit 18 ☐Meilen und 46,418 Bewohnern. 21 Kirchspiele und 68 Schulen.

1. **Löbau** mit 3951 Einwohnern und altem Schloß.

2. **Neumark** an der Drewenz mit 1898 Einwohnern.

3. **Kauernick** an der Drewenz mit 1044 Einwohnern. Beide meist polnisch.

VII. **Kreis Marienwerder** mit 17⅓ ☐Meilen und 65,726 Bewohnern. 19 Kirchspiele und 104 Schulen.

1. **Marienwerder** an der Liebe mit 7373 Einwohnern. Die Burg Marienwerder 1233 auf der Insel Quidin erbaut und der heiligen Jungfrau Maria zu Ehren so genannt. Die Stadt hat in allen Kriegen, die das Land heimsuchten, schwer gelitten. Friedrich II. Antwort auf die Bitte der Stadt, die Garnison daraus wegzunehmen, weil ein großer Mangel an Wohnungen wäre, lautete: „Ein Dragoner ist mir lieber, als zehn Kriegsräthe." Die Lage der

Stadt ist sehr malerisch. Die daselbst befindliche schöne Domkirche ist nach der Marienkirche in Danzig die zweit größte in Preußen. In ihr liegt der General v. d. Gröben, der Erbauer des Forts Friedrichsburg in Guinea, begraben. 1 Gymnasium. Altes Bauwerk der „Danzig" meist zur Vertheidigung und zu wirthschaftlichen Zwecken dienender übermauerter Bogengang.

2. Garnsee zwischen 2 See'n, aus einer Straße bestehend mit 1137 Einwohnern.

3. Mewe am Einflusse der Ferse in die Weichsel, mit 3143 Einwohnern auf hohem Flußufer. (Das Stadtwappen eine Möwe mit einem Fisch im Schnabel). Vor Mewe schaute der unglückliche Hochmeister Ludwig v. Erlichshausen zum letzten Male nach Marienburg. Bei der Stadt eine Fähre über den Strom. Schloß.

VIII. Kreis **Rosenberg** mit 19 ☐ Meilen und 49,227 Bewohnern. 16 Kirchspiele und 82 Schulen.

1. **Rosenberg** an einem See, in wasserreicher hügeliger Gegend. Soll 1319 erbaut sein, mit 2913 Einwohnern.

2. **Riesenburg** mit 3397 Einwohnern, liegt auf einem Hügel, dessen Fuß die Liebe umfließt. Schon ein altpreußischer Ort. Durch Feuer und Plünderung ist Riesenburg sehr häufig heimgesucht. 1276 erbaut.

3. **Bischofswerder** an der Ossa, in sumpfiger Gegend; mit 1953 Einwohnern, soll 1325 erbaut sein.

4. **Deutsch Eylau** am südlichen Ende des Geserich-See's, mit 2912 Einwohnern. 1336 erbaut.

5. **Freystadt** auf einem Hügel in der Nähe eines See's in fruchtbarer Gegend mit 2466 Einwohnern.

IX. Kreis **Schlochau** mit 38 ☐ Meilen und 57,905 Bewohnern. 18 Kirchspiele und 85 Schulen.

1. **Schlochau** mit 2816 Einwohnern. Ein durch polnisches Regiment um seinen Wohlstand gekommenes Städtchen.

2. **Baldenburg** an der Zahne, hier Ball genannt, mit 2137 Einwohnern. Der Boden der Umgegend wenig ergiebig, doch fischreiche Gewässer in Menge.

3. **Hammerstein** an der Zahne, mit 2517 Einwohnern. In der Umgegend viele Fichtenwaldungen.

4. **Landeck**, am Einflusse der Dobrinka in den Rudbar, mit 1100 Einwohnern.

5. **Pr. Friedland** an der Dobrinka, in der Nähe eines schönen karpfenreichen See's, mit 2857 Einwohnern. 1354 gegründet. Evangelisches Schullehrer-Seminar.

X. Kreis **Schwetz** mit 29 ☐ Meilen und 68,889 Bewohnern. 20 Kirchspiele und 108 Schulen.

1. **Schwetz**, zwischen Weichsel und Schwarzwasser mit 4611 Einwohnern. Die Stadt ist häufigen Ueberschwemmungen ausgesetzt, deswegen sie nun nach

dem hohen Ufer allmählig verlegt wird. Heinrich von Plauen war hier Komthur, ehe er der Retter seines Landes wurde. Das frühere Ordensschloß ist besonders stark und fest gebaut. In der Nähe die Irrenanstalt Schwetz für Westpreußen und die Nonnenkämpe, auf der Trüffeln wachsen. Die Umgegend von Schwetz ist sehr wohlhabend.

2. Neuenburg auf dem linken Weichselufer, liegt höchst malerisch, mit 3903 Einwohnern. Herzog Sambor gründete Neuenburg 1185. Die Feier des Johannisfestes wird von den Bewohnern Neuenburgs durch zahlreiche Feuer auf den Höhen an der Weichsel begangen.

XI. Kreis Straßburg mit 24½ ☐ Meilen und 60,091 Bewohnern. 26 Kirchspiele und 79 Schulen.

1. Straßburg, zwischen Hügeln an der Drewenz, mit 5014 Einwohnern. Die Evangelischen sind hier vor der Herrschaft Preußens, wie in andern westpreußischen Städten immer hart gedrückt worden.

2. Gollub an der Drewenz, dicht an der polnischen Grenze, mit 2558 Einwohnern.

3. Gorzno (Gurschno) am See gleichen Namens, mit 1533 Einwohnern.

4. Lautenburg an der Wicker und einem tiefen See, mit 2969 Einwohnern.

XII. Kreis Stuhm mit 11½ ☐ Meilen und 39,812 Bewohnern. 13 Kirchspiele und 71 Schulen.

1. Stuhm mit 1980 Einwohnern in hügeliger Gegend zwischen dem Barlewitzer- und Hinter-See. Dreimal ist die Stadt am Donnerstage vor Pfingsten abgebrannt, deswegen die Bürger übereinkamen, an diesem Tage kein Feuer anzuzünden. Einst Sitz des Ordens-Trapiers.

2. Christburg an der Sorge, mit 3254 Einwohnern. Ein lebhaftes Städtchen. Dicht neben der Stadt der Schloßberg, der von den alten Preußen in der Christnacht gestürmt sein soll, daher der Name des Städtchens.

XIII. Kreis Thorn mit 20½ ☐ Meilen und 61,311 Bewohnern. 29 Kirchspiele und 69 Schulen.

1. Thorn, an der Weichsel mit 14,106 Einwohnern. „Thor des Eindringens." Herrmann Balk mit den Seinigen eroberte die heilige Eiche von Thorn, und vertheidigte sich in ihren weitverbreiteten Aesten gegen den Ansturm der Heiden. Als Glied der Hansa (1263) wurde sie die „Königin der Weichsel." Friede zu Thorn 1411. 1466. Thorner Blutbad 1724, eines der entsetzlichsten Zeichen des Confessions-Hasses. Copernicus hier geboren am 19. Februar 1453. Ein Denkmal ist ihm daselbst 1853 gesetzt. Großes Rathhaus und schöne Kirchen. Berühmt sind die Thorner Pfefferkuchen. 1 Gymnasium. „Thorn ist durch seine sehr schönen Gebäude und gleichsam strahlenden Ziegeldächer so merkwürdig, daß sich kaum eine Stadt hinsichts der Schönheit, Lage und Pracht mit ihr vergleichen kann. Polnische Geschichte von Dlugors. Von den rothen Dächern, stammt das Sprichwort her: „Du glühst ja wie die rothen Dächer von Thorn" „Thorn ist reich an Iugend und baut auf sie; dort

siehst du biedere, fröhliche Bewohner, da herrscht Friede, da herrscht Schamhaftigkeit. Dort scheint es dem Menschen möglich zu sein, das Alter des Saturnus beizubehalten, jenes goldene Alter, jene heiligen Zeiten, wo die Tugend die Königin der Welt war."

Zur Ordenszeit bei Thorn bedeutender Wein= (Thorner Landwein) und Obstbau. Thorner Wein und Obst wurden nach Marienburg verlangt.

Thorn gegenüber liegt:

2. **Podgorze** (Podgorsche) mit 1533 Einwohnern. Kloster.

3. **Kulmsee** zwischen Drewenz und Weichsel, mit 2378 Einwohnern, hat eine der schönsten Kirchen der Provinz.

4. **Schönsee** oder **Kowalewo**, zwischen 2 See'n, mit 1146 Einwohnern. 1303 gegründet.

————

Reihenfolge der Städte des Regierungs=Bezirks nach ihrer Bewohnerzahl:

1. Thorn. 2. Graudenz. 3. Culm. 4. Marienwerder. 5. Conitz. 6. Deutsch Crone. 7. Straßburg. 8. Schwetz. 9. Jastrow. 10. Löbau. 11. Neuenburg. 12. Mewe. 13. Riesenburg. 14. Briesen. 15. Zempelburg. 16. Christburg. 17. Krojanke. 18. Flatow. 19. Lautenburg. 20. Rosenberg. 21. Dt. Crlau. 22. Pr. Friedland. 23. Schlochau. 24. Mk. Friedland. 25. Tuchel. 26. Gollub. 27. Hammerstein. 28. Freystadt. 29. Culmsee. 30. Lessen. 31. Baldenburg. 32. Schloppe. 33. Stuhm. 34. Bischofswerder. 35. Neumark. 36. Tütz. 37. Rheden. 38. Cammin. 39. Bandsburg. 40. Gorzno. 41. Garnsee. 42. Landeck. 43. Kauernick.

I. Anhang.

„Es war Gottes Wohlgefallen, den preußischen Staat durch das Schwert groß zu machen, durch das Schwert des Krieges nach Außen und durch das Schwert des Geistes nach Innen."

Der Name des preußischen Staates ist von unserer vaterländischen Provinz entlehnt und auf das ganze Staatsgebiet übertragen. Früher nannten sich unsere Herrscher „Könige in Preußen", seit dem Reichstage zu Regensburg 1797 aber „Könige von Preußen." Friedrich II. nannte sich seit 1772 so.

Das Nachstehende zeigt das Wachsthum dieses Staates, „der eine Geschichte ohne Gleichen hat."

Das Wachsthum unter den verschiedenen Hohenzollern zeigt der nachstehende Flächeninhalt des Staates:

Friedrich I. (1417—40) 535 ☐Meilen.

Friedrich II. (1440—70) 726 ☐Meilen.

Albrecht Achilles (1471—86) 767 ☐Meilen.

Johann Cicero (1486—99) nach Abzug der fränkischen Besitzungen 660 ☐Meil.

Joachim I. (1499—1535) 692 ☐Meilen.

Johann George (1571—98) 715 ☐Meilen.

Johann Sigismund (1608—1619) 1472 ☐Meilen.

Friedrich Wilhelm (1640—1688) 2013 ☐Meilen.

Friedrich I. (1701—1713) 2043 ☐Meilen.

Friedrich Wilhelm I. (1713—1740) 2159 ☐Meilen.

Friedrich II. (1740—1786) 3539 ☐Meilen.

Friedrich Wilhelm II. (1786—1797) 5551 ☐Meilen.

Friedrich Wilhelm III. (1797—1840) 1806: 5724, 1807: 2869 ☐Meilen.

Friedrich Wilhelm IV. (1840—1861) 5103 ☐Meilen.

Wilhelm I. (1866) 6395 ☐Meilen mit 23,590,543 Bewohnern.

Die Bevölkerung des Staates beträgt nach der letzten Zählung 19,252,362 Bewohner, darunter sind 279,414 Bewohner, die dem Militairstande angehören. Davon kommen auf:

Preußen . . . . mit 3,014,608 Bewohner, darunter
                                              32,372 Militairpersonen.

Posen . . . . „ 1,523,729 Bewohnern,

Pommern . . . . „ 1,437,375 „

Schlesien . . . . „ 3,510,706 „

Sachsen . . . . „ 2,043,975 „

Brandenburg . . . . „ 2,613,793 „

Westphalen . . . . „ 1,666,582 „

Rheinprovinz . . . . „ 3,316,192 „

Hohenzollern . . . . „ 64,958 „

Jahdegebiet mit fast 1212 Morgen . . . . und 1573 „

Lauenburg . . . . mit 15 ☐Ml. „ 49,701 „

Hannover . . . . „ 698 „ „ 1,923,492 „

Kurhessen . . . . „ 172 „ „ 737,283 „

Nassau . . . . „ 85 „ „ 466,014 „

Frankfurt . . . . mit fast 2 „ „ 89,837 „

Ein Stück von Hessen-Darmstadt mit 19 „ „ 75,102 „

„ „ „ Baiern mit . . . . . 10 „ „ 32,976 „

Schleswig-Holstein . . . . . mit 320 ☐Ml. und 960,996 „

Titel und Wappen des Königs.

Der preußische Staat ist eine constitutionelle Monarchie; der Titel des
Königs findet sein Verständniß in der Entwickelungsgeschichte des Staates,
ebenso das Königliche Wappen, denn diese beiden sind der Name und das
Bild, in welchen jene Geschichte concentrirt ist. Es giebt einen größern,
mittlern und kürzern Titel des Königs und demzufolge ein größeres, mittleres
und kleineres Wappen. (Nach der Verordnung vom Jahre 1817). Der größere
Titel lautet: Wir Wilhelm von Gottes Gnaden, König von Preußen, Mark-
graf von Brandenburg, souverainer und oberster Herzog von Schlesien wie auch
der Grafschaft Glatz, Großherzog von Niederrhein und von Posen, Herzog von
Sachsen, Engern, Westphalen, in Geldern, zu Magdeburg, Cleve, Jülich, Berg,
Stettin, Pommern, der Kassuben und Wenden, zu Mecklenburg und Crossen,
Burggraf zu Nürnberg, Landgraf zu Thüringen, Markgraf der Ober= und
Nieder-Lausitz, Prinz von Oranien, Neufchatel und Valengin, Fürst zu Rügen-
Paderborn, Halberstadt, Münster, Minden, Cammin, Wenden, Schwerin, Ratze-
burg, Mörs, Eichsfeld und Erfurt, Graf zu Hohenzollern, gefürsteter Graf zu
Henneberg, Graf zu Ruppin, der Mark, Ravensberg, Hohenstein, Tecklenburg,
Schwerin und Bingen, Sigmaringen und Veringen, ferner der Lande Rostock,
Stargardt, Lauenburg und Bütow.

Der mittlere Titel lautet: Wir Wilhelm von Gottes Gnaden, König
von Preußen, Markgraf zu Brandenburg, souverainer und oberster Herzog von
Schlesien wie auch der Grafschaft Glatz, Großherzog von Niederrhein und von
Posen, Herzog von Sachsen, Engern und Westphalen, in Geldern, zu Magde-

burg, Cleve, Jülich, Berg, Stettin, Pommern, der Kassuben und Wenden, zu Mecklenburg und Crossen, Burggraf zu Nürnberg, Landgraf zu Thüringen, Markgraf der Ober= und Nieder=Lausitz, Prinz von Oranien, Neufchatel und Valengin, Graf zu Hohenzollern.

Der kürzere Titel lautet: „Wir Wilhelm von Gottes Gnaden, König von Preußen u. s. w. u. s. w.

Der Königliche Titel und Name darf nur Gesetzen, Verordnungen und Ausfertigungen vorgesetzt werden, welche der König selbst vollzieht.

Das größere Wappen besteht aus 4 Mittelschildern und 48 Feldern. Das mittlere Wappen besteht aus 4 Mittelschildern und 10 Feldern, wie es z. B. die Thaler von 1841 und die Zweithalerstücke zeigen.

Die Wappen der einzelnen Schilder bezeichnen:

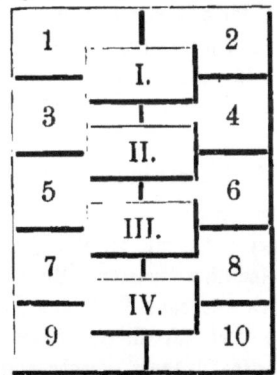

I. bezeichnet das Königreich Preußen,

II. die Mark Brandenburg,

III. Burggrafenthum Nürnberg und

IV. die Grafschaft Hohenzollern.

    1. Das Herzogthum Schlesien.

    2. Das Großherzogthum Niederrhein.

    3. Das Großherzogthum Posen.

    4. Das Herzogthum Sachsen.

    5. Das Herzogthum Pommern.

    6. Das Herzogthum Magdeburg.

    7. Das Herzogthum Cleve.

    8. Das Herzogthum Jülich.

    9. Das Herzogthum Berg.

    10. Das Herzogthum Westphalen.

Der erste Mittelschild (I.) ist mit der Königlichen Krone bedeckt und hat im silbernen Felde einen schwarzen Adler mit der Königlichen Krone auf dem Haupte, goldenen Kleestengeln in den Flügeln, in der rechten Klaue den goldenen Scepter mit einem schwarzen Adler auf der Spitze, in der linken den blau und goldenen Reichsapfel haltend, des Königreichs Preußen wegen. Der zweite

Mittelschild (II.) hat im silbernen Felde einen rothen, mit einem Fürstenhute bedeckten Adler mit goldenen Kleestengeln in den Flügeln, in der rechten Klaue ein silbernes Schwert, in der linken ein goldenes Scepter haltend, der Mark Brandenburg wegen. Der dritte Mittelschild (III.) mit einer von roth und Silber gestickten Einfassung umgeben, hat im goldenen Felde einen schwarzen und gekrönten Löwen, wegen des Burggrafenthums Nürnberg. Der vierte Mittelschild (IV.) ist von Silber und schwarz geviertheilt, wegen Hohenzollern. 1. Der preußische Adler Schlesiens wegen. 2. Im silbernen Felde der Königlich preußische Adler mit einem gekrönten grünen Schilde auf der Brust, in dem ein silberner schräger Strom für. Niederrhein. 3. Im silbernen Felde der Königlich preußische Adler mit einem gekrönten Schilde auf der Brust, worin im rothen Felde ein silberner Adler mit goldenen Waffen, Posens wegen. 4. Im von Schwarz und Gold zehnmal gestreiften Felde ein schräg rechts gelegter Rautenkranz, für Sachsen. 5. Ein Greif für Pommern. 6. Ein zur Hälfte gestreiftes Quadrat für Magdeburg. 7. Ein Morgenstern für Cleve. 8. Ein Löwe für Jülich. 9. Ein gekrönter Löwe für Berg. 10. Ein springendes Pferd für Westphalen.

Das kleinere Königliche Wappen ist auf unsern Kupfermünzen ausgeprägt.

Auf dem Schilde ruht ein goldener, von einem goldenen Adler gezierter, roth ausgeschlagener, offener Helm, mit der Königlichen Krone bedeckt und mit schwarz und silbernen Helmdecken umgeben. Um den Schild hängt zunächst Band und Kreuz des rothen und dann Kette und Kreuz des schwarzen Adler= ordens. Schildhalter sind zwei mit Eichenlaub um Kopf und Leib gezierte, gegen einander gekehrte wilde Männer, welche einen Arm auf den Schild lehnen und in dem andern eine silberne Fahne mit goldener Einfassung und Schnüren halten, von denen die rechte den preußischen schwarzen, die linke den brandenburgischen rothen Adler hat. Das Wappenzelt inwendig mit Hermelin bekleidet, ist purpurroth mit schwarzen Adlern und goldenen Kronen geschmückt und fällt hinab aus einem goldenen Reif, der mit Edelsteinen besetzt ist, von dem Quasten herabhängen und auf dem eine Reihe goldener Adler sitzt. Der rothe wie das Zelt gezierte Gipfel ist mit der Königlichen Krone bedeckt, und über dieser ist das Königliche silberne Reichspanier mit dem preußischen Adler geziert, mit herabhängenden Zipfeln. Das Panier ist an einer goldenen Querstange befestigt, deren Enden Königliche Kronen zieren und die von einem preußischen Adler mit gesenkten Flügeln gehalten wird. Das Wappen steht auf einem goldenen Fußgestell, auf dessen blauer Leiste goldene Adler sich zeigen mit dem goldenen Wahlspruch in deutschen Buchstaben: „Gott mit uns!“

Die Reichskleinodien.

Die Reichskleinodien, welche bei den beiden Krönungen 1701 und 1861 gebraucht wurden und bei feierlichen Anlässen in festlichem Zuge von den höchsten Staatsbeamten getragen werden, sind folgende:

1. Die **Königliche Krone**, sie hat acht Bügel, welche sich zu einem goldenen Ringe vereinigen, ist mit Perlen eingefaßt und mit 111 Diamanten geschmückt, von denen der größte den Umfang einer Haselnuß hat.

2. Das **Scepter** 20 Zoll lang, ist massiv golden und reich mit Edelsteinen besetzt. An seiner Spitze befindet sich ein gekrönter Adler aus Diamanten, der an der Brust einen Rubin von der Größe eines 5 Silbergroschenstückes zeigt.

3. Der **Reichsapfel** ist aus Silber, blau emaillirt, von zwei Reifen eingefaßt und gleichfalls reich mit Edelsteinen besetzt.

4. Die **Reichsfahne** hat einen silbernen Schaft mit goldener Spitze, die den Königlichen Namenszug trägt; dieselbe trägt das Flaggentuch aus Silberstoff mit eingesticktem Adler und Wappen.

5. Das **Reichsschwert** hat Griff und Scheide von Gold.

6. Das **Reichssiegel** in goldener Kapsel hat 3 Zoll Höhe und 4 Zoll Durchmesser.

7. 8. Die **goldene Kette** des schwarzen Adlerordens und der **Kurhut** aus violettem Sammet mit Hermelinverbrämung.

Orden.

Der **schwarze Adlerorden** ist der höchste Orden des Staates. Er wurde von Friedrich I. am 17. Januar 1701 gestiftet. Der Großmeister desselben ist der König; seine Söhne sind die geborenen Ritter desselben. Das Zeichen dieses Ordens besteht in einem achtspitzigen, hellblauen Kreuz. In den vier Winkeln desselben sind vier Adler mit ausgebreiteten Flügeln und auf dem Mittelschilde der Namenszug des Stifters F. R. Dieses Kreuz wird an einem breiten orangefarbenen Bande von der linken Schulter zur rechten Hüfte getragen, dazu kommt noch ein achtspitziger silberner Stern mit dem schwarzen Adler im orangefarbenen Felde und dem Wahlspruch: „Suum cuique." Der Orden wird mit und ohne Kette vergeben.

Der **rothe Adlerorden** 1705 vom Erbprinzen George Wilhelm von Bayreuth gestiftet. 1791 wurde dieser Orden der zweite in Preußen und am 18. Januar 1810 neu gestaltet. Das Ordenszeichen ist ein einfaches weiß emaillirtes Kreuz ohne Spitzen. Im weißen runden Mittelschilde zeigt dasselbe auf der Vorderseite den gekrönten rothen Adler mit ausgebreiteten Flügeln und einen Lorbeerzweig in den Krallen, auf der Kehrseite den Namenszug F. W., darüber eine Königskrone. Der Wahlspruch dieses Ordens ist: „Sincere et constanter." Er hat vier Klassen.

Die erste wird vergeben, a. mit Eichenlaub, Krone und Scepter, b. mit Eichenlaub und Schwertern, c. mit Schwertern, d. mit Schwertern am Ringe, e. mit Eichenlaub, f. ohne Schmuck.

Die zweite Klasse wird vergeben, a. mit dem Stern, Eichenlaub und Schwertern, b. mit dem Stern und Schwertern, c. mit dem Stern und Schwertern am Ringe, d. mit dem Stern und Eichenlaub, e. mit dem Stern, f. mit

Eichenlaub und Schwertern, g. mit Schwertern, h. mit Schwertern am Ringe, i. mit Eichenlaub, k. ohne Schmuck.

Die dritte Klasse: a. mit der Schleife und Schwertern, b. mit Schwertern, c. mit Schwertern am Ringe, d. mit der Schleife, e. ohne Schmuck.

Die vierte Klasse: a. mit Schwertern, b. ohne dieselben.

Der **Kronenorden** wurde am Krönungstage unseres jetzigen Königs 1861 zur Erinnerung an diesen Festtag gegründet.

Das Abzeichen dieses Ordens besteht in einem goldenen, weiß emaillirten, mit einem schmalen goldenen Rande eingefaßten Kreuz mit breiten Enden, welches mit einem Medaillon belegt ist, das auf der Vorderseite auf mattem Goldgrunde eine Königliche Krone darstellt, umgeben von einem blau emaillirten Schriftringe, auf welchem in Goldschrift der Wahlspruch unseres Königlichen Hauses „Gott mit uns" in deutschen Lettern steht. Auf der Rückseite dieses Medaillons befindet sich auf matt gearbeitetem Goldgrunde der mit der Königlichen Krone gekrönte Namenszug, umgeben von einem blau emaillirten Schriftringe, worin mit goldenen Lettern das Datum der Stiftung steht. Dieser Orden wird in 3 Klassen verliehen, im Range steht er dem rothen Adlerorden gleich.

Der Orden **pour le mérite**, 1740 von Friedrich II. für ausgezeichnete militairische Verdienste gegründet. Friedrich Wilhelm III. erweiterte ihn durch Auszeichnung mit Eichenlaub. Friedrich Wilhelm IV. erweiterte ihn 1842 noch mehr, so daß er gegenwärtig vier Abstufungen hat, mit der Krone und Eichen- laub, mit der Krone, mit und ohne Eichenlaub und noch eine Friedensklasse für Wissenschaft und Künste.

Der **Königliche Hausorden von Hohenzollern,** wurde von Friedrich Wilhelm IV. 1851 gestiftet und von unserm nun regierenden Könige am 18. Oktober 1861 erweitert. Er zerfällt in 2 Kategorien, von denen die eine 3 Klassen, Groß-Komthure, Komthure und Ritter, und die zweite ebenfalls drei Klassen, Adler der Groß-Komthure, Adler der Komthure und Adler der Ritter begreift.

Seine jetzige Eintheilung ist diese:

I. Groß-Komthure: a. Stern der Groß-Komthure.
                    b. Kreuz der Groß-Komthure od. Adler der Groß-Komthure;

II. Komthure: a. Stern der Komthure,
                    b. Kreuz der Komthure oder Adler der Komthure;

III. Ritter: Kreuz der Ritter oder Adler der Ritter;

IV. Inhaber: Kreuz der Inhaber oder Adler der Inhaber.

Der **Orden des eisernen Kreuzes** am 10. März 1813, für Verdienste in den Freiheitskriegen gestiftet. Er wird nicht mehr verliehen. Die zweite Klasse vererbt auf die Kämpfer jener Kriege, die es noch nicht hatten.

Der **Louisenorden** ist 1814 gestiftet für Frauen und Jungfrauen, welche sich in der Krankenpflege verwundeter Soldaten hervorthaten. Ist nach dem dänischen Kriege (1865) wieder erneuert.

Dann zählen dazu noch das Dienstauszeichnungs-Kreuz, ein Militair-

Ehrenzeichen in 2 Klassen, ein allgemeines Ehrenzeichen, eine Dienstauszeichnung in 3 Klassen und eine Rettungsmedaille.

Nach dem gegen Dänemark glorreich beendeten Kriege sind noch zu den Ehrenzeichen das Düppelkreuz und die Alsen-Medaille gekommen.

Der Fürstlich Hohenzollernsche Hausorden in drei Klassen, nebst der goldenen Medaille des Hohenzollernschen Hausordens gehört ebenfalls hieher.

Die Ordens-Decoration des Johanniter-Ordens. Dieser Orden wurde 1118 gestiftet und verbreitete sich auch in Brandenburg. Die meisten seiner Glieder wurden in Folge der Reformation evangelisch. 1810 wurden die Güter des Ordens für Staats-Domainen erklärt. 1812 stiftete Friedrich Wilhelm III. zum Andenken an diesen Orden eine nur für Adlige bestimmte Ordensdecoration unter dem Namen Johanniterkreuz. Dasselbe ist ein achteckiges Ordenskreuz mit Krone und Adler versehen. 1853 wurde er reorganisirt und seinen Rittern die Pflicht auferlegt der Armen und Kranken zu gedenken. Drei auf das Vortrefflichste ausgestattete Siechenhäuser hat derselbe auch in unserer Provinz — Pr. Holland, Gerdauen, Rastenburg — erbaut (sonst noch 10) — und in den letzten Kriegen haben viele seiner Glieder für die Verwundeten ihr Leben gewagt. Selbst der Wittwen und Waisen der von fanatischen Türken ermordeten Christen in Syrien hat der Orden gedacht und große Liebesopfer dorthin gesandt. Der Ordensmeister ist der Prinz Carl, der Bruder des Königs.

In Folge des jüngst beendigten glorreichen Kampfes ist von Sr. Majestät dem Könige die Stiftung eines **Erinnerungskreuzes** befohlen. Dasselbe besteht aus einem Kreuze von Bronze aus eroberten Geschützen für Combattanten, und von gewöhnlich oxydirter Bronze für Nicht-Combattanten, zwischen dessen Armen sich nach beiden Seiten ein Kranz, bei den Combattanten von Lorbeerblättern, bei den Nicht-Combattanten von Eichenblättern, zeigt. Das Mittelschild der Vorderseite trägt Unsern Namenszug mit der Umschrift: „Preußens siegreichem Heere". Auf dem oberen Arme des Kreuzes befindet sich die Königl. Krone, auf den drei andern Armen die Inschrift: „Gott war mit uns, Ihm sei die Ehre". Die Rückseite zeigt im Mittelschilde den Königl. Adler auf einem Geschützrohr. Auf den Armen des Kreuzes befindet sich: a. für den Theil der Armee, welcher der Schlacht von Königgrätz beiwohnte, die Inschrift: „Königgrätz, den 3 Juli 1866"; b. für den Theil der Armee, welcher in Thüringen und in Süddeutschland operirte, die Inschrift: „Der Main-Armee 1866"; c. für die Truppentheile, Offiziere und Mannschaften, welche nicht der Schlacht von Königgrätz beigewohnt und nicht zur Main-Armee gehört haben, die Inschrift: „Treuen Kriegern 1866"; d· für Nicht-Combattanten die Inschrift: „Pflichttreue im Kriege".

Das Erinnerungs-Kreuz wird von Combattanten an einem schwarzen Bande mit weißer und oranger Einfassung, von Nicht-Combattanten an einem weißen Bande mit oranger und schwarzer Einfassung auf der Brust getragen

Die Staatsverwaltung und Behörden.

Das unverletzliche Haupt des Staates ist der König. Die vollziehende Gewalt ruht ganz in seinen Händen, die gesetzgebende theilt er mit dem Landtage. Preußen ist seit 1848 ein constitutioneller Staat, dem der König aus eigener Entschließung eine Verfassungsurkunde verliehen (5. December 1848), die am 31. Januar 1850 revidirt und in aller Form und Vollständigkeit in Geltung trat und vom Könige feierlich beschworen wurde. Sie ist das Fundament für das politische Leben des Staates.

Die Volksvertretung besteht aus zwei Versammlungen, dem Herrenhause und dem der Abgeordneten. Ersteres besteht aus den volljährigen Prinzen des Königlichen Hauses, den Fürsten von Hohenzollern, den 14 vormaligen souverainen Herren (diese mit erblicher Berechtigung). Mit nicht erblicher Berechtigung gehören dazu die Inhaber der vier großen Hof= oder Landesämter unserer Provinz (Landhofmeister, Kanzler, Oberburggraf und Obermarschall), dann die durch Königliches Vertrauen Ausgezeichneten. Jede Landesuniversität darf einen Vertreter für das Herrenhaus wählen, ebenso die Städte: Königsberg, Elbing, Danzig und Memel in unserer Provinz. Die Zahl der Abgeordneten des Herrenhauses beträgt 180. Das Haus der Abgeordneten geht aus der Wahl der Staatsbürger hervor und besteht aus 352 Abgeordneten. Die Wahl der Abgeordneten ist eine mittelbare und findet in zwei gesonderten Handlungen statt; nämlich erstens durch Wahl der Urwähler, welche nach Maßgabe der von ihnen entrichteten direkten Steuer in 3 Klassen wählen, und zweitens durch die Wahl der Abgeordneten durch die Wahlmänner. Auf je 250 Seelen der Bevölkerung wird ein Wahlmann gewählt. Ein Abgeordneter vertritt seine Wähler 3 Jahre lang. Wird das Abgeordnetenhaus aufgelöst, so muß eine neue Wahl vorgenommen werden.

Zum Mitgliede des Abgeordnetenhauses ist jeder Preuße wählbar, der das 30. Lebensjahr vollendet hat und bereits 1 Jahr lang dem preußischen Staatsverbande angehört. Von den Regierungsbezirken unserer Provinz haben zu wählen: Königsberg 18, Gumbinnen 14, Danzig 9 und Marienwerder 13 Abgeordnete.

Neben der allgemeinen Landesvertretung giebt es auch noch in den einzelnen Provinzen Provinzial= und Kreisstände. Die ersten sind Vertreter der Provinz, wenn es gilt Dinge, die die ganze Provinz betreffen, zu berathen. Die Kreisstände sind Vertreter des Kreises, dem sie angehören, und berathen Dinge, die den betreffenden Kreis angehen. So z. B. Chaussee= und Wegebauten, Entwässerungsanlagen, Armensachen u. s. w. u. s. w.

Die unerläßlichen Bedingungen aller standschaftlichen Rechte ist der Besitz von Grundeigenthum.

Die Behörden.
A. Centralbehörden.

I. Der Staatsrath. Diese höchste berathende Behörde besteht 1. aus den Prinzen des Königlichen Hauses, welche das 18. Lebensjahr erreicht haben,

2. aus Staatsdienern, welche durch ihr Amt zu Mitgliedern desselben berufen sind, und 3. aus Staatsdienern, welche durch besonderes Vertrauen in demselben Sitz und Stimme erhalten haben. Gegenwärtig zählt derselbe 53 Mitglieder. Er umfaßt 6 Abtheilungen.

II. Das Staatsministerium. Dasselbe ist die höchste verwaltende Behörde im Staate und wird durch sämmtliche, die einzelnen Zweige der Verwaltung leitende Minister gebildet. Bei demselben sind zwei vortragende Räthe. Sie sind die höchsten, dem Könige unmittelbar untergeordneten Staatsdiener und werden von ihm allein ernannt und entlassen. Der Vorsitzende des Ministerums ist der Minister=Präsident, der die Berathungen des Ministeriums leitet. Oft wohnt der König den Berathungen des Ministeriums bei.

Jeder einzelne Staatsminister führt die ihm anvertraute Verwaltung selbstständig unter eigner Verantwortlichkeit, doch ist in gewissen Fällen Bericht an den König oder Einholung seiner Befehle erforderlich. Jeder Minister hat jährlich einen Hauptbericht und Rechenschaft von seiner Verwaltung dem Könige zu geben. Er muß auf die gehörige Befolgung der Gesetze, soweit sie zu seinem Verwaltungsbezirk gehören, achten und in solchen Fällen, in denen durch den Zweifel der Behörden in der Auslegung und Anwendung der Gesetze Bedenken entstehen, entscheiden, ohne an dem Gesetze etwas zu verändern.

Jedes Ministerium zerfällt in mehrere Abtheilungen, jede mit einem Direktor und mehreren Räthen.

Unmittelbar unter dem Staatsministerium stehen:

a. Der Disciplinarhof für nicht richterliche Beamte.

b. Die Kontrolle der Gesetzsammlung.

c. Die geheime Ober=Hof=Buchdruckerei.

d. Die Ober=Examinations=Commission für den Geschäftskreis der Regierungen.

Unter der speciellen Leitung der Minister der auswärtigen Angelegenheiten und des Innern stehen: das literarische Büreau des Staats=Ministeriums und das Institut des Preußischen Staats=Anzeigers.

Unter der obern Leitung des Präsidenten des Staats=Ministeriums stehen: 1) die General=Commission in Angelegenheiten der Königlichen Orden, 2) die Staatsarchive, a. das Geheime Staats=Archiv und b. die Archive in den Provinzen; die letzteren unter der nähern Aufsicht der Ober=Präsidenten der Provinz.

Es giebt 9 Ministerien, die sind:

1. **Das Ministerium der auswärtigen Angelegenheiten.** Es zerfällt in zwei Abtheilungen und bearbeitet Alles das, was die Verhältnisse mit fremden Mächten, die Unterhandlungen mit den Regierungen anderer Staaten und den Vertretern dieser Regierungen anbetrifft. Seine Organe sind: die Königlichen Botschafter (zu London und Paris), die Königlichen Gesandten, Minister=Residenten, Geschäftsträger und Legations=Sekretaire im Auslande. Solche Beamte hat Preußen in den 31 Staaten, die mit ihm in Verbindungen politischer oder merkantilischer Art stehen. Außerdem sind zur Wahrung der preußi=

schen Handels-Interessen im Auslande Konsular-Beamte angestellt. Diese sind:
a. General-Konsuln (für ganze Länder), b. Konsuln, c. Vice-Konsuln. General-
Konsuln hat der preußische Staat 22. Konsuln und Vice-Konsuln 125.

2. **Das Ministerium der Finanzen mit 4 Abtheilungen.**

    a. Abtheilung für die Verwaltung der Steuern.

    b. Abtheilung für das Etats- und Kassen-Wesen.

    c. Abtheilung für Domainen und Forsten.

    d. Abtheilung (Central-Direktion) zur Regelung der Grundsteuer.

Mit diesem Ministerium ist verbunden: die Planzeichnenkammer, die
General-Staats-Kasse und die Hauptbuchhalterei. Ihm sind untergeordnet:
1. Die Seehandlung; 2. Das Königliche Leihamt; 3. Die Hauptver-
waltung der Staatsschulden. Zu ihr gehören: die Controlle der Staatspapiere,
die Staatsdruckerei und die Staatsschulden-Commission.

3. **Das Ministerium der geistlichen, Unterrichts- und Medicinal-An-
gelegenheiten.**

Dasselbe besteht aus 4 Abtheilungen:

    1. Abtheilung für die äußeren evangelischen Kirchenangelegenheiten.

    2. Abtheilung für die katholischen Kirchenangelegenheiten:

    3. Abtheilung für die Unterrichtsangelegenheiten.

    4. Abtheilung für die Medicinalangelegenheiten.

Unter diesem Ministerium stehen: 1. Der Conservator der Kunst-Denkmäler. 2. Der General-Inspektor des Taubstummen- und Blödsinnigen-Wesens.
3. Die Commission für die Erhaltung und Erforschung der Kunst-Denkmäler.
4. Die wissenschaftliche Deputation für das Medicinal-Wesen. 5. Das Direk-
torium Montis Pietatis.

Anstalten die unter Beaufsichtigung dieses Ministeriums stehen, sind
folgende:

    a. Die Universitäten und die damit verbundenen Anstalten.

    b. Die Academieen der Wissenschaften.

    c. Die Academieen der Künste.

    d. Alle Schulen der verschiedensten Bestimmung.

4. **Das Ministerium für Handel, Gewerbe und öffentliche Arbeiten**
mit 5 Abtheilungen.

    1. Abtheilung das General-Postamt, die Telegraphen-Inspektion.

    2. Abtheilung für Eisenbahn-Angelegenheiten.

    3. Abtheilung für Land-, Wasser- und Chausseebauwesen.

    4. Abtheilung für Handel und Gewerbe.

    5. Abtheilung für Berg-, Hüttenbau- und Salinen-Angelegenheiten.

5. **Das Ministerium des Innern.** Das hat zu seinen Organen:

    a. Die Ober-Präsidien,

    b. Die Polizei-Behörden,

    c. Die Regierungen,

    d. Landräthe, u. s. w.

6. **Das Justiz = Ministerium.** Ihm sind untergeordnet: 1. Das Ober=
Tribunal als oberster Gerichtshof mit der dazu gehörigen Staats=Anwaltschaft
und den Rechtsanwalten. 2. Das Kammergericht und die Appellations=
gerichte u. s. w.

7. **Das Ministerium des Königlichen Hauses.** Der Minister des Königl.
Hauses hat die Angelegenheiten desselben und alle Geschäfte, welche Königliche
und Prinzliche Hofsachen, wie die welche höhere Hofämter betreffen, unter sich.
Unter diesem Ministerium stehen: Das Königliche Hausarchiv, die Hofkammer
der Familiengüter und das Königlich=Prinzliche Familien=Fideikommiß, das
Herold=Amt. Von den 18 Königlichen Familiengütern liegt keines in Ost=
Preußen, wol aber 2 Fideikommiß=Herrschaften — Krojanke und Flatow — in
West=Preußen. Zu dem Hofstaate des Königs gehören: Das Königliche Hof=
Marschall=Amt und die Intendantur der Königlichen Schlösser, die Königliche
Garten=Intendantur, der Königliche Ober=Marstall und die Reitbahnen, das
Königliche Hof=Jagd=Amt, die Hof=Musik und die Königlichen Schauspiele.

8. **Das Kriegs=Ministerium.** Dasselbe hat eine große Zahl von besondern,
ihm untergeordneten Behörden, theils in Berlin, theils in den Provinzen
welche der ganzen militairischen Organisation untergeordnet sind und nur bei
Manövern und Märschen, so wie bei Rekrutirungen mit den Behörden der
Civil=Verwaltung in Verbindung kommen. Es zerfällt in zwei Departements,
das des allgemeinen Kriegs=Departements mit 3 Abtheilungen und das des
Militair=Oekonomie=Departements mit 4 Abtheilungen.

Unter der Leitung des Kriegsministeriums stehen unter andern auch:
das Militair=Erziehungs= und Bildungs= und das Militair=Medicinal=Wesen,
die verschiedenen Artillerie=Werkstätten, die Gewehrfabriken, Pulver=Fabriken,
Geschütz=Gießereien, die Proviant=Aemter und Magazin=Verwaltungen, Garnison=
Lazareth=Verwaltungen, Monturungs=Depots u. a. m.

9. **Das Ministerium für die landwirthschaftlichen Angelegenheiten.**
Darunter stehen:

1. Die Central=Commission für die Angelegenheiten der Rentenbanken.
2. Die Provinzial=Rentenbanken.
3. Das Landes=Oekonomie=Collegium, das ist die Behörde, welche
   über landwirthschaftliche Fragen Gutachten abgiebt, überhaupt
   über Vorschläge in landwirthschaftlichen Angelegenheiten berathen
   soll, sie steht mit den landwirthschaftlichen Vereinen in Verbindung.
4. Das Revisions=Collegium für Landeskultursachen.
5. Die höheren landwirthschaftlichen Lehr=Anstalten.
6. Die Institute zur Beförderung des Gartenbaues, nämlich die
   Königlichen Gärtner=Lehranstalten in Sanssouci, die Königliche
   Bauschule zu Neu=Gettow (bei Potsdam).
7. Die Haupt=Land=Gestüte. Von den 3 Haupt=Gestüten ist eins
   in Trakehnen.

7

Von den 8 Land-Gestüten sind 2 in der Provinz: Das Littauische mit den 3 Marställen: Insterburg, Gudwallen und Marienwerder.

8. Die Stammschäferei zu Frankenfelde bei Wriezen.

Dann giebt es noch folgende Behörden — Intendantur-Behörden —, die für sich neben den Ministerien als oberste Staatsbehörden bestehen. Dahin gehören:

1. Die Königliche Bank. Ein Geld-Institut von Friedrich dem Großen gestiftet, es bringt dem Staate einen jährlichen Gewinn von gegen 200,000 Thlr. Abzweigungen von ihm sind die Königlichen Bankstellen in den Provinzen, davon auf unsere Provinz 38 kommen, und die zu Königsberg, Danzig, Memel, Elbing, Tilsit und Thorn die bedeutendsten sind.

2. Der evangelische Ober-Kirchenrath. Er ist die oberste kirchliche Behörde im Staate für die innern Angelegenheiten der evangelischen Kirche, und hat in den Provinzen zur Ausführung der Angelegenheiten seines Wirkungskreises die Consistorien und die Regierungen.

3. Die Ober-Rechnungskammer. Sie ist die oberste Revisions-Behörde für alle Rechnungen der gesammten Verwaltung.

B. Die Provinzial-Behörden.

Sie haben alle inneren Verwaltungsangelegenheiten zu besorgen, wie z. B. die der Domainen, Forsten, der Steuern, der Kirchen- und Schul-angelegeeheiten.

An der Spitze der Verwaltung jeder Provinz steht ein Ober-Präsident; er ist der Vereinigungspunkt aller ihrer Verwaltungszweige, die höchste polizeiliche Autorität, die erste berathende, beaufsichtigende und ausführende Behörde. Er verwaltet diejenigen Angelegenheiten, welche die Gesammtheit der Provinz angehen, und diejenigen, welche über den Bereich der Regierung hinausgehen, er beaufsichtigt die Verwaltung der Regierungen, die lautere Dienstführung der Beamten und ist ermächtigt bei außerordentlichen Ereignissen, die den Umständen nach erforderlichen ungewöhnlichen Maßregeln zu treffen. Auch darf er Genehmigungen und Concessionen zu gewissen Unternehmungen innerhalb der Provinz ertheilen, z. B. die zur Anlage neuer Apotheken, gemeinnützigen Anstalten u. a. m. Unmittelbar unter dem Ober-Präsidium stehen: Die Provinzial-Schul- und Medicinal-Collegien, die General-Commissionen, Provinzial-Steuer-Direktionen, Provinzial-Steuer-Societäten, auch verschiedene andere Anstalten, zumal Armen-, Straf-, Besserungs- und Irrenanstalten, Taubstummen-Institute, Schullehrer-Seminare u. a. m. Zunächst aber die Regierungen, deren jede Provinz 2, 3, 4 oder 5 hat; diese sind, während der Ober-Präsident allein, als einzelne Person, das Ganze verwaltet, Kollegien mit mehreren, 2, 3 oder 4, ja noch mehr Abtheilungen.

Sie haben einen weiten, alle Gegenstände der inneren Landesverwaltung, welche den Bezirk unmittelbar angehen, umfassenden Wirkungskreis und jede der Regierungen unserer vaterländischen Provinz zerfällt in 3 Abtheilungen.

Die erste Abtheilung, die des Innern, hat die Angelegenheiten der Landeshoheit, der Sicherheits- und Ordnungs-Polizei, die Gewerbe- und Bau-Polizei, die polizeilichen in Hinsicht der Medicinal- und Gesundheits-Angelegenheiten, des gesammten Communal-Wesens und die Aufsicht über Gesellschaften, Verbindungen, öffentliche Institute u. s. w.

Die zweite Abtheilung widmet sich der Kirchen-Verwaltung, dem Schulwesen und Allem, was damit im Verwaltungsbereiche zusammenhängt.

Die dritte Abtheilung hat die direkten Steuern, die Domainen und Forsten zu verwalten. Die Regierung zu Königsberg hat noch eine vierte Abtheilung, die für Landes-Kultursachen.

Der Vorstand eines Gesammt-Regierungs-Collegiums ist der Chef-Präsident; jeder Abtheilung steht als Dirigent ein Ober-Regierungsrath vor, sie hat ihre Räthe, Assessoren, Referendare, Secretaire, Assistenten, Kanzelisten u. s. w.

Für die Kassen- und Rechnungs-Angelegenheiten sind Kassenführer und Rechnungs-Räthe angestellt.

Der Regierung sind untergeordnet: Die Kreis-Steuer-Einnehmer, die Domainen-Pächter, die Forstmeister, Forst-Inspektoren, Ober-Förster, Förster, Bau-Inspektoren und Wegebaumeister. Unter den Regierungen stehen die Landrathsämter. Der ganze Staat hat 336 landräthliche Kreise, unsere Provinz davon 57. Die Landrathsämter sind die mit der unmittelbaren Verwaltung der Kreise beauftragten Behörden.

Das Landraths-Amt wird von dem Landrath und dem Kreis-Sekretair verwaltet. Der Landrath ist Commissarius der Regierung, hat alle seinen Kreis betreffenden Gegenstände der Administration, die Stadt- und Gewerbe-Polizei in seinen Wirkungskreis. Ihm sind die Rentämter und Dorfgerichte (Schulzen-Aemter) untergeordnet.

Zu den Königlichen Beamten des Kreises gehören: der Kreis-Physikus, der Kreis-Chirurgus, der Kreis-Thierarzt, der Bauinspektor und der Superintendent.

Zur Ausübung der exekutiven Polizei stehen jedem Landrath einige Gensdarmen zur Verfügung.

Die Justiz.

Die preußische Rechtspflege hat seit vielen, vielen Jahren ein gutes Gerücht. Jeder Preuße ist vor dem Gericht gleich. Die allgemeine Gerichtsverfassung hat Gerichte erster, zweiter und dritter Instanz in dem Sinne, daß der erstern die nächste, der andern die höhere und der letzten die höchste und endgültige richterliche Entscheidung obliegt.

Der oberste Gerichtshof in Preußen ist das Ober-Tribunal zu Berlin. Gerichte erster Instanz sind die Stadtgerichte der Städte von 50,000 Einwohnern und darüber.

Die Stadtgerichte sind mindestens aus zwei Direktoren und einer verhältnißmäßigen Zahl von Stadtgerichts-Räthen und Stadtrichtern zusammengesetzt. Die Kreisgerichte, meist in der landräthlichen Kreisstadt befindlich,

7*

bestehen aus einem Kreisgerichts-Direktor, aus 4 bis 5 Richtern, die theils Kreisgerichts-Räthe, theils Kreisrichter sind. An Orten außerhalb des Kreisgerichts-Ortes, wo ein erhebliches Bedürfniß dazu herrscht, treten auf kurze Zeit die Kreisgerichts-Deputationen von wenigstens 3 Mitgliedern bestehend, in Thätigkeit. Jedes Hauptgericht zerfällt in 3 Abtheilungen.

Gerichte zweiter Instanz sind die Appellations-Gerichte. Jedes dieser Gerichte hat einen Amts-Bereich, welcher entweder einen Regierungsbezirk oder einen noch größeren Raum umfaßt.

Die Provinz Preußen hat 3 Appellations-Gerichte zu Königsberg (das Ostpreußische Tribunal), Insterburg und Marienwerder.

Die alleinige dritte Instanz für die ganze preußische Monarchie bildet das Obertribunal zu Berlin. Dasselbe erkennt in letzter Instanz in Civil- und Strafsachen. Außerdem giebt es noch Handelsgerichte für Handels- und Schifffahrtssachen, solches sind die aus Richtern und Gliedern des Kaufmannsstandes zusammengesetzten Commerz- und Admiralitäts-Collegien zu Königsberg und Danzig.

Dem Institut der Schiedsrichter und Schiedsmänner liegt keine Entscheidung, sondern nur die Sorgfalt für eine zu bewirkende Vereinigung der Partheien ob. Außer diesen genannten Behörden giebt es noch solche Justiz-Beamte, welche in den Rechtsangelegenheiten theils das Interesse des Staates, theils dasjenige der vor Gericht stehenden Partheien wahrzunehmen berufen sind. Den ersteren Beruf hat die Staatsanwaltschaft, die von den Gerichten ganz unabhängig ist, und hauptsächlich alle strafbaren Handlungen ermitteln und verfolgen soll. In jedem Kreisgerichts-Bezirke sind solche Richter angestellt, sie sind sammt den beiden Appellationsgerichten und bei dem Ober-Tribunal angestellten Ober-Staats-Anwälten dem Justiz-Ministerium untergeordnet. Für die kleineren Gerichtsbezirke giebt es noch außerdem Polizei-Anwälte.

Juristische Beistände der Partheien sind die Rechts-Anwälte, hier und da mit Ehren-Titeln ausgestattet, ihre Einnahmen sind die Gebühren.

Schließlich sind noch die Schwurgerichte zu erwähnen, die seit 1849 ihre Thätigkeit begonnen haben. „Die Gerichte sollen bei Einleitung und Führung der Untersuchung wegen einer Gesetzes-Ueberschreitung nicht ferner von Amtswegen, sondern nur auf erhobene Anklage einschreiten. Bei jedem Appellationsgerichte soll ein Ober-Staatsanwalt und für jedes Stadt- und Kreisgericht ein Staatsanwalt angestellt werden, dessen amtlicher Beruf es ist, bei Verbrechen die Ermittelung der Thäter herbeizuführen und dieselben vor Gericht zu verfolgen." Diese Gerichte untersuchen und entscheiden über Verbrechen, welche in den Gesetzen mit einer härteren als dreijährigen Freiheitsstrafe bedroht sind. Zum Geschworenen kann nur Der berufen werden: der die Eigenschaften eines Preußen besitzt, 30 Jahre alt ist, im Vollgenuß der bürgerlichen Rechte sich befindet und wenigstens 1 Jahr in der Gemeinde, in welcher er sich aufhält, seinen Wohnsitz hat. Geschworene können nicht sein: die

Minister und die richterlichen Beamten, die Staatsanwälte und deren Gehilfen, die Regierungs-Präsidenten, Provincial-Steuer-Direktoren, Landräthe, Polizei-Direktoren, die im Dienst befindlichen Militairpersonen, die Religionsdiener aller Confessionen, die Elementarschullehrer und die Dienstboten.

Die zu Geschworenen Gewählten müssen wenigstens jährlich 16 Thlr. Klassen-, oder 20 Thlr. Grund-, oder 24 Thlr. Gewerbesteuer zahlen. Gegen die Entscheidung der Schwurgerichte findet nur das Rechtsmittel der Nichtig-keits-Beschwerde an das Ober-Tribunal statt.

C. Die Stadtbehörden.

In jeder Stadt besteht eine Stadtverordneten=Versammlung und ein Magistrat. Die Mitgliederzahl der erstern ist je nach der Anzahl der Einwohner der Stadt verschieden (12—60). In Gemeinden mit mehr als 120,000 Ein-wohnern, treten zu den 60 für jede weiteren 50,000 Einwohner, 6 Mitglieder hinzu. Die Hälfte der von jeder Abtheilung zu Wählenden muß aus Haus-besitzern bestehen. Die Wahl erfolgt auf 6 Jahre, alle 2 Jahre scheidet ⅓ der Stadtverordneten aus.

Die Stadtverordneten=Versammlung hat über alle Gemeindeangelegenheiten zu beschließen, soweit dieselben nicht ausschließlich dem Magistrat oder Bürger-meister überwiesen sind. Sie controllirt die Verwaltung, beschließt über die Be-nutzung des Gemeindevermögens und über die Aufbringung von Gemeindesteuern.

Sie wählt alljährlich einen Vorsitzenden, sowie einen Stellvertreter aus ihrer Mitte.

Der Magistrat ist die Obrigkeit der Stadt. Er besteht aus dem Bürger-meister, einem Beigeordneten oder zweiten Bürgermeister, einer Zahl von Stadträthen, Rathsherren und Rathmännern, die sich nach der Zahl der Bewohner richtet. Die Wahl der Magistratspersonen erfolgt durch die Stadt=verordneten=Versammlung, und zwar: die der Beigeordneten und Räthe auf 6, die der übrigen besoldeten Magistrats-Mitglieder und des Bürgermeisters auf 12 Jahre oder auf Lebenszeit. Alle Magistrats=Mitglieder bedürfen der Bestätigung des Königs oder der Regierung und werden in Eid und Pflicht genommen.

Der Magistrat hat die Gesetze und Verordnungen, sowie die Verfügungen der vorgesetzten Behörden auszuführen, die Beschlüsse der Stadtverordneten vorzubereiten und auszuführen, die Gemeinde=Anstalten zu verwalten oder zu beaufsichtigen, die Einkünfte und das Eigenthum der Stadt zu verwalten oder zu beaufsichtigen, Einnahmen und Ausgaben anzuweisen, das Rechnungs= und Kassenwesen zu überwachen, die Gemeindebeamten anzustellen und zu beauf-sichtigen, die Stadtgemeinde nach Außen hin zu vertreten u. s. w. u. s. w.

Die Dienstpflicht und das Heer.

(„Die Welt ruht nicht sicherer auf den Schultern des Atlas, als Preußen auf seinem Heere!" Friedrich II. nach der Schlacht bei Hohenfriedberg.)

Die Dienstpflicht ist allgemein. Die Dienstpflichtigkeit beginnt nach dem zurückgelegten 20. Lebensjahre, währt alsdann 16 Jahre und zwar in der Art, daß der Militairpflichtige 3 Jahre im stehenden Heere und dann 4 Jahre als Reservist beurlaubt wird. Nach dieser Zeit beginnt seine Landwehrpflichtigkeit, die noch 9 Jahre währt. Vom 28. bis zum 32. Lebensjahre gehört er dem 1., dann bis zum 39. Lebensjahre dem 2. Landwehr=Aufgebote an. Nach zurück= gelegtem 39. Lebensjahre erfolgt der Uebertritt in den Landsturm, dem man bis zum 50. Lebensjahre angehört. Ebenso gehören dazu alle nicht dem aktiven Heere eingereihten Jünglinge.

Das Heer umfaßt: 1 Feldmarschall, 2 Generalfeldzeugmeister, 35 Generäle der Infanterie und Kavallerie, 58 Generallieutenants, 97 General=Majors, 180 Obristen, 212 Oberst=Lieutenants, 479 Majors, 1776 Hauptleute und Rittmeister, 1569 Premier=Lieutenants, 3572 Seconde-Lieutenants, zusammen fast 8000 Officiere.

Die Armee zählt 1 Garde= und 8 Linien=Armee=Corps, jedes zu 2 Divisionen.

	Bataillon.	Friedensstärke.	Kriegsstärke.
Infanterie.			
9 Regimenter Garde	27	16,991	27,054
72 „ Linie	216	116,208	216,432
10 Bataillone Schützen	10	5,340	10,020
Zusammen	253	138,539	253,506
Kavallerie.	Schwadronen		
8 Regimenter Garde	32	4,769	4,857
40 „ Linie	168 .	24,981	25,432
12 „ Landwehr*) . . .	48	204	7,272
Zusammen 60 Regt. Kavallerie.	248	29,957	37,561
Artillerie.**)			
9 Brigaden oder	108 Batterien	16,381	27,918
Pioniere	9 Bataillone	4,491	5,454
Train	9	1,605	30,200
Zusammen		191,033	356,532

*) Man beabsichtigt diese aufzulösen und an Stelle deren 8 Linien Regimenter zu gründen.
**) Fortan wird die Artillerie auf dem Kriegsfuße 135 mobile Batterieen mit 1080 Feld geschützen und 72 Feld-Artillerie und Festungs Compagnieen aufstellen. Im Frieden 432 Geschütze.

Die Reserven werden zu 105,423, die Besatzungstruppen (Landwehr) zu 153,965 Mann gerechnet. Gesammtheit 615,921 Mann.

Rechnet man die Invaliden, die Gensdarmerie und die Landwehr 2. Auf= gebots dazu, welche in 116 Bataillone mit 95,496 Mann formirt werden kann, so erreicht die Gesammtsumme 743,294 Mann.

Festungen hat Preußen 7 ersten, 11 zweiten und 10 dritten Ranges.

Die preußische Seemacht.

Der Scharfblick Friedrich Wilhelm's, des großen Kurfürsten, ließ ihn die Wichtigkeit einer Seemacht für seinen jugendfrisch aufstrebenden Staat deutlich erkennen. Er scheute in der sehr geldarmen Zeit die nicht unbedeutenden Ausgaben nicht, um Brandenburg in den Besitz von Kriegsschiffen zu setzen, die unter Führung eines Holländers Raule, der in des Kurfürsten Dienst getreten war, sich mit Glück sogar gegen das damals noch mächtige Spanien versuchte, dem Brandenburg an 2 Millionen Thaler schuldete. Um sich zu entschädigen, nahmen des Kurfürsten Schiffe 1674 ein großes spanisches Schiff, dessen Ladung — theuere Spitzen — für 100,000 Thlr. in Königsberg verkauft wurde. Der günstige Erfolg spornte zu neuen Unternehmungen. 1683 am 1. Januar wurde das an der Westküste Afrikas neu gegründete Fort Groß=Friedrichsburg von einer Abtheilung brandenburgischer Truppen unter Führung des Generals von der Gröben besetzt. Doch allerlei Unangenehmes brachte die Sache bald ins Stocken, so daß Friedrich Wilhelm I. diese Schöpfung gegen Zahlung von 6200 Dukaten, 6000 Gulden und 12 Negern den Holländern überließ. So ruhte die Marineangelegenheit Preußens. Friedrich der Große, obgleich er 1744 in den Besitz von Ostfriesland kam, that nichts für die Weiterführung des von seinem großen Oheim begonnenen Werkes. Er wollte seine Kräfte nicht zersplittern, sondern concentriren. Als von einer preußischen Seewehr die Rede war, sagte er: „Gebt mir Danzig und ich baue Euch eine Flotte!" Da kamen die Jahre 1848 und 49, und Preußen, ja das ganze Deutschland erkannte seine Ohnmacht zur See im Kampfe mit dem kleinen Dänemark. Nun wurde aufs Neue Hand an das versäumte Werk gelegt und der Jahdebusen von Oldenburg 1853 erworben. Damit war ein bedeutender Schritt gethan. Seit der Zeit ist man mit der Vermehrung der Schiffe vorwärts geschritten, so daß der jetzige Bestand der jungen Marine der Art ist:

1. Segelschiffe.

Es sind deren 9 vorhanden, davon das größte die Fregatte Gefion mit 48 Kanonen ist, dann Thetis, Niobe, Rover, Mosquito, Hela, Barbarossa, Iltis und Leopard.

2. Dampfschiffe.

a. Schraubenkorvetten: Arcona, Gazelle, Vineta, Nymphe, Augusta, Victoria, Pr. Adler, Lorelev, Royal Victoria und Grille.

b. Schrauben=Dampf=Kanonenboote: 8 Boote erster Klasse mit je 3 Kanonen, 15 Boote zweiter Klasse mit je 2 Kanonen.

3. Ruderfahrzeuge.

36 Ruderkanonen=Schaluppen mit je 2 Kanonen, 4 Ruderkanonen=Jollen mit je 1 Kanone. Zusammen 89 Fahrzeuge mit 478 Kanonen. Im Bau sind noch begriffen 5 Fahrzeuge. 2 Panzerschiffe sind fertig, Arminius und Prinz Adalbert, und 4 harren der Vollendung. Die Besatzung dieser Fahrzeuge sammt Seesoldaten erreicht die Zahl von 6775 Mann. Die Feuerprobe hat die junge Flotte glänzend am 17. März 1864 bestanden, da sie mit Erfolg

den Kampf gegen eine bedeutende dänische Uebermacht in der Nähe Arconas aufnahm und bestand. Seit dem Wiener Frieden (30. Oktober 1864) befindet sich Preußen im Besitze des Kieler Hafens, dessen Herstellung für Kriegszwecke über 6 Millionen Thaler erfordert. Zur Ausführung der entworfenen Pläne für Marinezwecke braucht man gegen 20 Millionen Thaler.

Preußens Geldmacht.

Die Finanzwirthschaft des preußischen Staates ist eine mustergültige und oft beneidete. Die voraussichtliche Einnahme dieses Jahres wird auf 157 Millionen Thaler berechnet, die Ausgabe auf fast ebenso viel, es bleibt noch immer ein kleiner Ueberschuß, während in vielen andern Staaten, wie z. B. in Oesterreich, die Einnahmen die Ausgaben schon seit Jahren nie decken und deshalb die Staatsschuld alle Jahre erhöht werden muß.

Die verzinsliche Staatsschuld betrug 1860 mit Einschluß von 4,427,780 Thlr. provinzieller Staatsschulden und 19,650,288 Thlr. Eisenbahnschulden 263,530,508 Thlr., die unverzinsliche (Kassenanweisungen) 15,824,347 Thlr., zusammen 279,354,855 Thlr.

Verkehrsstraßen.

Eisenbahnen. Die erste im preußischen Staate 1838 eröffnete Eisenbahn war die zwischen Berlin und Potsdam, die aber von Friedrich Wilhelm III. aus Abneigung gegen diese Art des Verkehrs, nie benutzt sein soll. Jetzt hat der Staat 888 Meilen Eisenbahnen, gegen 100 andere Meilen sind im Bau begriffen oder projektirt. Die Baukosten der vollendeten Bahnen betrugen gegen 450,000,000 Thaler. Den Verkehr darauf befördern gegen 1550 Lokomotiven, fast 2400 Personen= und 31,500 Güterwagen.

In der Provinz Preußen sind an Eisenbahnen fertig ca. 78 Meilen. Der größte Theil davon, die Ostbahn, zwischen Eydtkuhnen und Frankfurt (a. O.), 62 Meilen lang, wurde 1860 vollständig fertig. Seit kurzer Zeit sind die Bahnen, welche Insterburg mit Tilsit (7 Meilen lang) und Königsberg mit Pillau (6 Meilen lang) verbinden, fertig geworden; eine Privatgesellschaft hat sie gebaut. Die Verlängerung der letztern über Erlau, Bartenstein, Rastenburg und Lyck, die Ostpreußische Südbahn, geht ihrer Vollendung entgegen Tilsit und Memel wünscht man durch eine 12 Meilen lange Bahn zu verbinden, wozu der Erbau einer Brücke über die Memel, deren Kosten 2,010,000 Thlr. betragen, nöthig wäre. Ebenso hofft man in den nächsten Jahren durch eine von Thorn nach Insterburg durch die Provinz geführte Bahn von ca. 28—30 Meilen Länge die Wohlthat einer solchen Verkehrsstraße auch dem Innern der Provinz theilhaftig zu machen.

Telegraphen. Ein Netz von 2000 Meilen Telegraphendräthe bedeckt das Land; auf den 300 dazu gehörigen Stationen sind gegen 900,000 Depeschen befördert. Dieses Netz soll in nächster Zeit bedeutend erweitert werden.

Post. Das mustergültige Postwesen des preußischen Staates entwickelt sich mit jedem Jahre erfreulicher. Von 2400 Post=Büreaus wurden 1864 172,000,000 Briefe befördert.

Die höchste Behörde für die Verwaltung der Post ist das General=Post= Amt zu Berlin.

Chauffee'n. Die Provinz zählt gegen 600 Meilen. Sie sind theils vom Staate, theils mit dessen Beihilfe von den Kreisen erbaut, von denen viele unter großen Opfern an der Erweiterung solcher Verkehrsstraßen arbeiten lassen Als den besten, zur Bepflanzung solcher und anderer Wege geeigneten Baum, empfiehlt man aus sehr triftigen Gründen, die Birke.

Wasserverkehr. Auf den Flüssen, Kanälen und Meeren beförderten gegen 1600 Fahrzeuge aller Art den Verkehr, die eine Tragfähigkeit von ca. 150,000 Lasten hatten und fast 10,000 Matrosen zählte, und die österreichische Handelsflotte um ein Bedeutendes übertraf.

Schluß.

—

„Gott segne unser theures Vaterland! — Sein Zustand ist von Alters her oft beneidet, oft vergebens erstrebt. Bei uns ist Einheit an Haupt und Gliedern, an Fürst und Volk, im Großen und Ganzen herrliche Einheit des Strebens aller Stände nach einem schönen Ziele: nach dem allgemeinen Wohle in heiliger Treue und wahrer Ehre. Aus diesem Geiste entspringt unsere Wehrhaftigkeit, die ohne Gleichen ist — So wolle Gott unser preußisches Vaterland sich selbst, Deutschland und der Welt erhalten; mannigfach und doch Eins! wie das edle Erz, das aus vielen Metallen zusammengeschmolzen, nun ein einziges, edles ist, — keinem Roste unterworfen, als allein dem verschönernden der Jahrhunderte!"

Friedrich Wilhelm IV.

— · —

„So bleibe denn umtost von Meereswellen,
Ein Fels im Sturm, Du starkes Ostseeland!
Manch' Segel möge froh entgegen schwellen
Dem gastlichen Gestad am Bernsteinstrand;
Der Wandrer weile an den heilgen Stellen,
Wo einst im Kampf des Kreuzes Ritter stand;
Bewundernd möge oft der Deutsche wallen
Zu seiner Vorzeit hohen Meisterhallen!
Der Landmann sammle stets mit fleiß'gen Händen
Das Schwaden-Manna auf der Wiesenflur;
Kulm's Eichenwald mög' lang noch Trüffeln spenden;
Das Roß von edler kräftiger Natur
Gedeih' und fühle wack'rer Reiter Lenden;
Das Seebad tilge jede Krankheitspur,
Und keinen Preußen, der auf Gottes Wegen,
Verlasse seiner Allmacht Vatersegen!"

von Chappins Reim-Chronik.

Inhalt.